Praktiſche Grammatik

der

Neuperſiſchen Sprache

für den Selbſtunterricht.

Mit Leſeſtücken und einem ſyſtematiſchen Wörterbuch.

Von

A. Seidel.

Wien. Peſt. Leipzig.

A. Hartleben's Verlag.

Vorwort.

———

Eine praktische Grammatik der neuperfischen Sprache, welche ein liebevolles Eingehen auf die Bedürfnisse des Anfängers mit Wohlfeilheit des Preises vereinigt, ist immer noch ein Desiderat. Der Verfasser hat es versucht mit vorliegendem Büchlein diesem Mangel abzuhelfen und hofft damit in erster Linie dem Interesse dessen gedient zu haben, der lediglich zu praktischen Zwecken die persische Sprache erlernen möchte. Es kam dem Verfasser besonders darauf an, geeignete Materialien zu eingehenderem Studium und zur gründlichen Befestigung der Elemente zu bieten unter Ausscheidung alles dessen, was für den Anfänger überflüssig erscheint und nur dazu beiträgt ihn zu verwirren und ihm die Beschäftigung mit der reizvollen Sprache der Perser zu verleiden.

Für die Anordnung des Stoffes sind praktische Rücksichten durchaus maßgebend gewesen. Die persischen Texte sind im Anfang vollständig vokalisiert; später wurden die Vokalzeichen sparsamer gesetzt, um den Schüler nach und

nach an das Lesen unvokalisierter Texte zu gewöhnen. Die
Übungsbeispiele sind zum großen Teil guten Texten ent=
nommen, auch der Sprichwörterschatz der persischen Sprache
ist reichlich berücksichtigt; ein anderer Teil ist nach guten
Mustern vom Verfasser selbst gebildet.

Der Verfasser.

Inhalt.

Einleitung.

Das Persische gehört zur iranischen Sprachfamilie, dem wichtigsten Zweige der indogermanischen Sprachgruppe. Seine älteren Entwicklungsstufen, das Altpersische (zur Zeit der Achämeniden) und das Mittelpersische (etwa vom 3—7. Jahrhundert n. Chr.) liegen außerhalb des Kreises unserer Betrachtungen; es handelt sich im Folgenden vielmehr lediglich um das Neupersische, dessen grammatische Entwicklung im Großen und Ganzen im 11. Jahrhundert als abgeschlossen betrachtet werden kann. Der erhebliche Formenreichtum, welcher das Altpersische charakterisierte, ist im Laufe der Jahrhunderte bis auf kärgliche Reste verschwunden, so daß der grammatische Bau des Neupersischen äußerst einfach zu nennen ist und viele Analogie mit dem Englischen zeigt. Nomen und Pronomen haben den Unterschied der Geschlechter aufgegeben, fast alle Kasusendungen eingebüßt und unterscheiden nur die Mehrzahl von der Einzahl durch eine besondere Endung. Auch das Verbum hat nur noch spärliche Überbleibsel von der Fülle der alten Sprache aufzuweisen. Die Personalendungen sind auf ein geringes Maß beschränkt, und Hilfszeitwörter dienen zur Bildung der meisten Zeitformen und Redeweisen. Eine weitere Analogie mit dem Englischen zeigt sich darin, daß, wie dort eine große Zahl romanischer Wörter in die Sprache eingedrungen und nicht selten selbst das ursprüngliche angelsächsische Element überwuchert hat, so auch hier mit dem Andringen arabischer Kultur eine Flut von arabischen Lehnwörtern nicht nur in der Kunstsprache der einzelnen Wissenschaften, sondern auch in

Perfisch. 1

dem Wortschatz des gewöhnlichen Lebens sich einbürgerte. Die Sucht des Persers die mündliche und schriftliche Rede zum Beweise seiner feinen Bildung mit Wörtern und Wendungen arabischen Ursprungs zu durchsetzen, bildet ein würdiges Seitenstück zur Fremdwörtermanie der Deutschen. Der Rückschlag ist denn auch nicht ausgeblieben und der gegenwärtige Schah, ein hochgebildeter und feinsinniger Mann, hat sich an die Spitze einer Bewegung gestellt, welche dem iranischen Sprachelement auf Kosten der arabischen Eindringlinge erhöhte Geltung zu verschaffen bemüht ist.

Die neupersische Schriftsprache, mit welcher wir es hier zu thun haben, ist nicht nur die Umgangssprache der Gebildeten in ganz Iran, die auch von dem niederen Volke überall verstanden wird, sondern sie erstreckt sich durch ganz Turkistan, über Belubschistan und Afghanistan bis tief nach Indien hinein. Neben der Schriftsprache existiert natürlich eine große Menge von Dialekten, unter denen der von Schiras für den wohlklingendsten gilt.

Auf dem Gebiete der persischen Litteratur ragen besonders hervor die Erzeugnisse der Geschichtsschreibung und die der Dichtkunst. Die bekanntesten Dichter der Perser sind: Rûdagî (10. Jahrh.), Firdaussî (11. Jahr.), Auhad eddîn Anwârî (12. Jahrh.), Omar Chayyâm (12. Jahrh.), Raschîd Watwât (12. Jahrh.), Nisâmî (12. Jahrh.), Ferîd eddîn Attâr (13. Jahrh.), Dschelâl eddîn Rûmî (13. Jahrh.), Muslihh eddîn Ssadî (13. Jahrh.), Hâfis (14. Jahrh.), Maulâna Dschâmi (15. Jahrh.), Hâtifî (16. Jahrh.). Unter den Historikern sind hervorzuheben: Raschîd eddîn von Hamadan, Wassâf, Scharaf eddîn Jasdî, Mîrchond, Chondemîr, Jahhyâ Kaswînî u. s. f.

Von der Schrift.

I. Die Konsonanten.

Die Perser schreiben von rechts-nach links und bedienen sich der arabischen Schriftzeichen. Da dieselben zur Wiedergabe des persischen Lautbestandes nicht ausreichen, so hat man durch Modifizierung vorhandener Schriftzeichen deren vier neue gebildet, so daß das persische Alphabet im Ganzen aus 32 Zeichen besteht. Die Formen derselben zeigt folgende Tabelle.

Name des Buchstaben	1. alleinstehend	2. mit dem folgenden Buchstaben verbunden	3. mit dem vorhergehenden Buchstaben verbunden	4. mit dem vorhergeh. u. folgenden Buchstaben verb.	Lautwert
Alif	ا	—	ا	—	(spiritus lenis). â, a, e, i, o, u
Bá	ب	بـ	ـب	ـبـ	b
Pá	پ	پـ	ـپ	ـپـ	p
Tá	ت, ة	تـ	ـت	ـتـ	t
ssá	ث	ثـ	ـث	ـثـ	ss
dschá	ج	جـ	ـج	ـجـ	dsch
tschá	چ	چـ	ـچ	ـچـ	tsch
há	ح	حـ	ـح	ـحـ	ḥ
chá	خ	خـ	ـخ	ـخـ	ch (in lachen)
dál	د	—	ـد	—	d
sál	ذ	—	ـذ	—	s (weich, wie in lesen)

1*

Name des Buchstaben	1. alleinstehend	2. mit dem folgenden Buchstaben verbunden	3. mit dem vorhergehenden Buchstaben verbunden	4. mit dem vorherg. u. folgenden Buchstaben verb.	Lautwert
râ	ر	—	ر	—	r
sâ	ز	—	ز	—	s (weich, wie in lesen)
jâ	ژ	—	ژ	—	j (wie in journal)
ssîn	س	سـ	ـس	ـسـ	ss
schîn	ش	شـ	ـش	ـشـ	sch
ssâd	ص	صـ	ـص	ـصـ	ss
sâd	ض	ضـ	ـض	ـضـ	s (weich wie in lesen)
tâ	ط	طـ	ـط	ـطـ	t
sâ	ظ	ظـ	ـظ	ـظـ	s (weich wie in lesen)
ʻain	ع	عـ	ـع	ـعـ	a, e, i, o, u
gain	غ	غـ	ـغ	ـغـ	ġ
fâ	ف	فـ	ـف	ـفـ	f
qâf	ق	قـ	ـق	ـقـ	k
kâf	ك	كـ	ـك، ك	ـكـ	k
gâf	گ	گـ	ـگ	ـگـ	g
lâm	ل	لـ	ـل	ـلـ	l
mîm	م	مـ	ـم	ـمـ	m
nûn	ن	نـ	ـن	ـنـ	n
wâw	و	—	و	—	w
hâ	ه	هـ	ـه	ـهـ	h
yâ	ى	يـ	ـى	ـيـ	y ober j (in jung)

Die vorstehende Übersicht zeigt 25 Buchstaben, welche je 4 verschiedene Formen aufweisen, und 7 andere, welche nur 2 verschiedene Formen haben. Den Gebrauch der verschiedenen Formen lehren folgende Regeln:

A. Die Buchstaben, welche 4 verschiedene Formen haben:

  1. Die Formen der ersten Kolumne stehen:
    a) wenn die Buchstaben allein, außerhalb der Verbindung zu Wörtern, auftreten
    b) am Ende eines Wortes, wenn einer der sieben zweiformigen Buchstaben vorhergeht, z. B. كذب, قدح حزن, قرن u. f. w.

  2. Die Formen der zweiten Kolumne stehen:
    a) am Anfange eines Wortes, z. B. جد ,خر ,بر
    b) in der Mitte eines Wortes, wenn einer der 7 zweiformigen Buchstaben vorhergeht, da diese sich mit dem folgenden Buchstaben nicht verbinden, z. B. دخا, زخم u. f. w.

  3. Die Formen der dritten Kolumne stehen:
    am Ende eines Wortes (ausgenommen, wenn einer der 7 zweiformigen Buchstaben vorhergeht; denn in diesem Falle gilt Regel 1,b) z. B. جا, بنخت u. f. w.

  4. Die Formen der vierten Kolumne stehen:
    in der Mitte des Wortes, außer, wenn einer der sieben zweiformigen Buchstaben vorhergeht, (in letzterem Falle gilt Regel 2, b) z. B. تنخت , بنخت u. f. w. (aber دير ,ربع u. f. w.).

B. Die Buchstaben, welche 2 verschiedene Formen haben:

  1. Die Formen der ersten Kolumne stehen:
    a) im Anfange eines Wortes, z. B. دخا
    b) in der Mitte und am Ende eines Wortes, wenn ein 2 formiger Buchstabe vorangeht, z. B. درد, برد u. f. w.

  2. Die Formen der dritten Kolumne stehen:
    a) am Ende und in der Mitte eines Wortes, ausgenommen, wenn ein zweiformiger Buchstabe vorhergeht, z. B. سبز (aber: لرز ,لرز (aber: درد).

Bemerkungen.

1. Wenn auf das ل ein ا folgt, so werden beide oft miteinander verbunden: لا, ﻼ, ﻻ.

2. Die unterscheidenden (diakritischen) Punkte, welche sonst gleichgeformte Buchstaben differenzieren, (ﺿ, ﺐ, ﺥ, ﺝ, ﺙ) bleiben in Handschriften oft weg. Am häufigsten ist dies der Fall bei ﺐ, ﺝ, ﺯ und ﻚ, bei denen die diakritischen Punkte auch in gedruckten Büchern nicht selten fehlen.

3. Zusammengesetzte Wörter werden oft getrennt geschrieben, auch wenn die zusammentreffenden Buchstaben verbindungsfähig sind, z. B. دانش ور (statt: دانشور).

4. Es giebt keine besonderen Majuskeln für den Wortanfang.

Übung.[1]

Châ-dâl-alif. — Pâ-yâ-ġain-mîm-bâ-râ. — Alif-mîm-alif-mîm. — Mîm-lâm-kâf. — Fâ-râ-schîn-tâ-hâ. — Dâl-yâ-nûn. — Mîm-sâl-hâ-bâ. — Alif-ssin-mîm-alif-nûn. — Sâ-mîm-yâ-nûn. — Bâ-bâ-schîn-tâ. — Dâl-wâw-sâ-châ. — Mîm-râ-dâl. — Sâ-nûn. — Pâ-dâl-râ. — Mîm-alif-dâl-râ. — Fâ-râ-sâ-nûn-dâl. — Pâ-ssîn-râ. — Dschâ-dâl. — Ain-mîm. — Châ-alif-lâm. — Châ-wâw-yâ-schîn. — Nûn-alif-nûn. — Alif-bâ. — Gâf-wâw-schîn-tâ. — Râ-wâw-ġain-nûn. — Mîm-yâ-wâw-hâ. — Gâf-lâm-alif-bû-yâ. — Schîn-yâ-râ. — Gâf-lâm. — Dâl-râ-châ-tâ. — Mîm-qâf-râ-sâd. — Mîm-ain-lâm-mîm. — Nûn-ssâd-yâ-hâ-tâ. — Wâw-ain-sâ. — Hâ-kâf-mîm-tâ. — Tschâ-pâ — Ain-tâ-alif-râ-dâl. — Alif-bâ-râ-wâw. — Râ-yâ-schîn. — Bâ-râ-nûn-jâ. — Pâ-yâ-schîn-gâf-yâ-nûn. — Kâf-bâ-alif-bâ. — Bâ-râ-yâ-alif-nûn. — Dschâ-wâw-schîn-yâ-dâl-hâ. — Ssâd-bâ-hâ. — Châ-râ-alif-tâ. — Hâ-dâl-alif-dâl. — Kâf-fâ-alif-schîn. — Ain-ssâd-alif-râ. — Schîn-yâ-schîn-hâ. — Mîm-wâw-schîn.

---

[1] mit persischen Buchstaben zu schreiben.

II. Die Vokale.

Die perſiſche Sprache hat drei kurze Vokale ă, ĭ, ŭ und drei lange Vokale â, î, û.

Die kurzen Vokale eines Wortes werden gewöhnlich gar nicht geſchrieben, ſondern man ſchreibt nur die Konſonanten und überläßt es dem Leſenden, in der Ausſprache die kurzen Vokale hinzuzufügen, z. B. زرد (lies: sard), درشت (lies: duruscht). Zur Erleichterung für den Lernenden erſcheinen alle Wörter in dieſer Grammatik (mindeſtens, wenn ſie zum erſten Mal vor= kommen) vokaliſiert.

A. Die kurzen Vokale werden, wenn man ſie ſchreibt, durch Zeichen über oder unter dem Konſonanten ausgedrückt, nach welchem ſie zu leſen ſind: بَ = ba, بِ = bi, بُ = bu. Das Zeichen für den Vokal ă heißt زَبَر (lies sabar), für den Vokal i: زِیر (lies sîr), für den Vokal ŭ: پیش (lies pîsch).

Anm. Steht in der erſten Silbe eines Wortes ein kurzer Vokal unmittelbar vor der Tonſilbe, ſo wird er in der Ausſprache faſt ganz verſchluckt, z. B. گرِفتَن (lies grĭftän).

B. Die langen Vokale â, î, û werden ausgedrückt durch die Vokalbuchſtaben ا, ی و nach folgendem Muſter: بَا = bâ; بِی = bî; بُو = bû. Da die Vokalzeichen Sabar, Sîr und Pîsch meiſtens wegbleiben, ſo ſchreibt man bâ, bî, bû gewöhnlich بَا, بی, بو.

Anm. 1. In einigen Wörtern bezeichnet و ausnahmsweiſe den kurzen ŭ-Laut, nämlich in تو (lies tŭ) bu; دو (dŭ) zwei; چو (tschŭ) ba, weil; Ebenſo ی in کی (lies kĭ) wer?

2. Das kurze ă lautet nicht ganz rein, ſondern wird mit einer kleinen Neigung nach ä hin ge= ſprochen, etwa wie im engliſchen Worte hand; nur wenn ihm einer der Konſonanten ح, خ, ر, ص, غ, ع, ظ, ط, ض und ق vorhergeht oder folgt, lautet es ganz klar. Das lange â hat ſtets eine ſchwache Färbung nach dem ô hin.

3. Im Anfange eines Wortes stehende Bokale werden durch ‍ا eingeführt, welches in diesem Falle die Abwesenheit eines anderen Bokalträgers anzeigt, z. B. آب‍ = ăb; اَب‍ — ib; أُب‍ = ŭb; [1)] — ăb; اِيب‍ — ib; اوب‍ = ûb.

Anm. In arabischen Wörtern ist wurzelhaftes ‍ا in diesem Falle vom Hamsa (‍ء) begleitet: أَب‍ ab, إِب‍ ib, أُب‍ ub etc.

4. Wenn i oder û inmitten eines Wortes auf einen andern Bokal folgen, so schreibt man sie ئِى [2)] und وّو, z. B. آئِيم‍ — âîm; طاوُوس‍ — tâ-ûss. Steht i oder î am Ende eines Wortes nach einem Bokal, so schreibt man das erstere, wie oben, ئِى, das letztere ‍ى oder ‍ء, z. B. جائ‍ oder جائى‍ = dschâ'-î. Nach der Endung ‍ة schreibt man i und î nur mit ‍ء, z. B. بَندَة‍ — bandaî.

C. Durch Berbindung von Sabar mit folgendem ‍ى erhält man den Diphthong ai, dessen a aber mit einer Neigung nach dem ă und dessen i wie ein halbes j gesprochen wird, z. B. خَيلِى‍ spr. etwa chäïjî.

Ebenso bildet man den Diphthong au durch Berbindung von Sabar mit ‍و; derselbe wird fast wie ow gesprochen (mit sehr offenem, englischen w), z. B. طوُر‍ = towr.

Anm. In arabischen Wörtern lautet ‍ى am Wortende mitunter wie langes â.

[1)] vergleiche den Abschnitt über die Lesezeichen.

[2)] d. h. mit zwei ‍ى, von denen das erste ohne Punkte geschrieben, aber von Hamsa begleitet ist; das erste ‍ى und ‍و sind in diesem Falle nur Bokalträger und werden nicht gesprochen.

Von der Aussprache und dem Wortton.

A. Von den 32 Buchstaben des persischen Alphabets kommen 8 ausschließlich in arabischen Wörtern vor, welche in sehr großer Anzahl in das Persische eingedrungen sind, nämlich: ث, ح, ص, ض, ط, ظ, ع, ق.

Vier Buchstaben finden sich ausschließlich in persischen Wörtern: پ, چ, ژ, گ.

Die übrigen 20 finden sich sowohl in Wörtern persischer wie arabischer Abstammung.

Über die einzelnen Konsonanten ist zu merken:

ا Das Alif hat im Wesentlichen zwei Funktionen. Einmal erscheint es als Vokalträger in Abwesenheit eines andern Konsonanten, (vergl. die Vokale, B. Anm. 3), da nach arabischer wie persischer Anschauung ein Vokal nicht ohne einen Konsonanten auftreten kann z. B. ارب — irb; in diesem Falle bleibt es also unausgesprochen und dient nur als graphische Stütze des Vokales; in dieser Funktion wird es zuweilen durch ی oder و vertreten (vergl. ebenda 4). Nach einem Sabar dient es ferner zur Darstellung des langen A-Lautes (vergl. ebenda B), z. B. نان lies: nân.

ب wie das deutsche b.

پ wie das deutsche p.

ت wie das deutsche t. Die zweite Form (ة, ﺔ) findet sich nur als Femininendung arabischer Substantive und Adjektive; im Persischen schreibt man dafür bei Substantiven meist ت oder ﺓ, bei Adjektiven ﺓ.

ط hat den gleichen Laut.

ث wie ein scharfes s oder wie ss; denselben Laut haben س und ص.

ج wie das italienische g in giorno oder wie dsch.

ع wie das italienische c in cielo = tsch.

ح wie ein stark gehauchtes h, stärker als ه.

خ entspricht unserem ch in lachen, Rache.

د = d.

ذ wie das weiche s in lesen; ebenso lauten: ز, ض, ظ.

ر = r (stets mit der Zungenspitze zu bilden); ژ vergl. ذ.

ژ lautet wie ein weiches sch oder wie j in journal, jamais.

س vergl. ث; ش = sch; ص vergl. ث; ض vergl. ذ.

ط vergl. ت; ظ vergl. ذ.

ع ist lediglich Vokalträger gleich dem ا in seiner ersten Funktion. Ohne Vokal klingt es nach einem Konsonanten wie ein kurzes ă, z. B. شمع = schăm^ᵃ; nach einem Vokal je nach der Art desselben wie ă, ĭ, ŭ z. B. بعد = bŭ^ᵘd

غ wie ein in der Kehle gesprochenes r.

ف = f; ك und ق = k; گ = g (am Gaumen gebildet).

ل = l; م = m; ن = n.

و entspricht dem englischen w, ist also offener als das deutsche w zu sprechen, z. B. وعدَ = ŭă^ᵃdă. Nach vorhergehendem پیش bient es zur Darstellung des langen û-Lautes, z. B. رُو = rû. Die Silbe خوا lautet châ mit dunkelm nach o neigendem a.

ه entspricht unserm h und ist auch nach einem Vokal mit starkem Hauch zu sprechen, z. B. شاه = schähh.

In der Ableitungs-Endung ه dagegen und in manchen andern Wörtern mit kurzem Endvokal ist das ه stumm, z. B. بندَه = băndă, چه = tschĭ.

ی entspricht dem deutschen j in „jeder". Nach زیر bient es zur Darstellung des langen i-Lautes.

Bemerkung:

Die gleichlautenden Buchstaben wie ز und ذ , ك und ق ,
werden in der Schrift öfters mit einander vertauscht.

B. Der Hauptton liegt im Persischen in der Regel auf der

letzten Silbe, z. B. كُلاٰه = gŭlā́h; كَمَرْبَنْد = kämärbánd.
Von dieser Regel sind ausgenommen:

1. Die Endung را des Dativ und Akkusativs, z. B.

مَردرا = mắrdrā den Mann.

2. Die possessiven Endungen مـَ, تـَ , شـَ,

z. B. پِدَرَم = pĭdáräm mein Vater.

3. Die Endung ĭ der Genetiv-Verbindung z. B.

نٰانِ مَرد = nā́nĭ märd das Brot des Mannes.

4. Die Endung î, welche die Einheit bezeichnet,

z. B. مَردی = mắrdî ein Mann.

5. Die Endungen تَن und دَن des Infinitivs,

z. B. بُردَن = bŭrdan tragen[1]).

6. Die Personalendungen des Zeitwortes, z. B.

بُردَم = bŭrdắm ich trug.

Anm. 1. Die Präfixe مَه, نَه ,بِه ,می ziehen den Ton
stets an sich, z. B.

میگَرد = mî kard er thut

بهبَرد = bĭ-bäräd er trägt

نَه بُرد = nắ-bŭrd er trug nicht

مَه بَر = mắ-bär trage nicht!

Anm. 2. Das dem Imperfektum angefügte î hat den
Ton nicht.

7. Bei Nominalzusammensetzungen hat das letzte Wort
den Ton.

---

1) aber im Genetivverhältnis بُردَنِ مَرد bŭrdắnĭ märd das Tragen
des Mannes.

8. Die mit Präpositionen zusammengeſetzten Zeitwörter betonen die Präpoſition.

9. Folgende Wörter: آری á'rĭ freilich; اَمّا ámmă aber; اِلّا ĭllă ſonſt; اِینَك ĭ'näk ſiehe da; آنَك á'näk ſiehe dort; بَلی bálĭ ja; یَعْنی yá'nĭ nämlich, d. h.; لِیكِن lĭ'kĭn, وَلِیكِن wálĭ'kĭn, وَلی wálĭ aber, jedoch.

Die Leſezeichen.

Das Perſiſche hat keine Interpunktion; kaum daß größere Abſchnitte kenntlich gemacht werden.

Außer den Vokalzeichen wenden die Perſer noch folgende Leſezeichen an, die auch in nicht vokaliſierten Texten gewöhnlich nicht ausgelaſſen werden.

1. Das Täſchdí'd (تشدید) ◌ّ, welches die Verdopplung eines Buchſtaben anzeigt, z. B. تَزَوّج = tasawwúdſch.

   Anm. 1. Arabiſche Wörter, die am Ende einen Doppelkonſonanten haben, geben im Perſiſchen die Verdopplung auf, z. B. رَب (arab. رَبّ) der Herr.

   Treten vokaliſch anlautende Endungen an ſolche Wörter, ſo tritt die Verdopplung wieder ein, z. B.

   رَبّ مَن mein Herr!

   Anm. 2. Die Stellung des Täſchdí'd zeigen folgende Beiſpiele سِرّة, دُكّب, رَكّب.

2. Das Dſchasm (جزم) ◌ْ, welches die Vokalloſigkeit eines Konſonanten anzeigt, z. B.

   دِل dil (das ل bekommt جزم, da es keinen Vokal hat).

   Anm. 1. Stehen am Ende eines Wortes zwei vokal-loſe Konſonanten, ſo pflegt man nur den

erſten mit Dschasm zu bezeichnen, z. B.
بَرْد = bard.

Anm. 2. In arabiſchen Wörtern kann auch das
wurzelhafte, mit Hamsa verſehene ‌ا‌ ein
Dschasm erhalten, z. B. رَأْس = ra'ss;
dieſes ‌ا‌ iſt dann wie ein Hiatus zu ſprechen,
doch ſieht man es im Perſiſchen auch in
dieſem Falle meiſt als bloßes Dehnungsalef
an und ſpricht râss.

3. Das Madda (مَدّ) ‌آ‌ ſteht über dem ‌ا‌ meiſt im Anfang
eines Wortes und giebt demſelben den Laut eines langen
â z. B. آمَدَنْ = âmâdăn kommen.

4. Das Hamsa (هَمْزَه) ‌ء‌ ſteht im Arabiſchen nur bei
dem Alif, ferner bei ی und و, um anzuzeigen, daß
ſie für ‌ا‌ ſtehen reſp. aus ‌ا‌ entſtanden ſind. Es zeigt
an, daß das betreffende ‌ا‌ zum Wortſtamm gehört und
nicht etwa Bildungszuſatz iſt.

Im Perſiſchen ſteht es auch auf dem ſtummen ه der
Endung ‌ه‌ und hat dann den Wert eines ‌ا‌ oder î
z. B.

جَامَهٔ = dschâmă-î ein Kleid

جَامَهٔ مَنْ = dschâmă-ĭ măn mein Kleid

Anm. Die Stellung des Hamsa in arabiſchen Wörtern
zeigen folgende Beiſpiele
أَبَد, إِرْب, أُسْقُف, رَأْس.

Leſeübung.

حِكَايَتْ

مَرْدِى نَزْدِ طَبِيبْ آمَدَه گُفْت شِكَمِ مَنْ
mărdî năsdî tăbîb âmădă güft schĭkămĭ măn

دَرْدْ مِيكُنَدْ دَرِينْ بَابْ نَظَرِى فَرْمَاىْ طَبِيبْ

tăbî'b fărmâ'j năsârî bâb dărî'n mî'kŭnăd dărd

فَرْمُودْ كِهْ اِمْرُوزْ چِهْ خَوْرْدَهْ جَوَابْ دَادْ كِهْ

kĭ dâd dschăwâ'b chŏrdă-î tschĭ ĭmrû's kĭ fărmû'd

نَانِ سُوخْتَه طَبِيبْ سُرْمَهدَانْ طَلَبْ نُمُودَه

nŭmûdă tălăb ssŭrmădâ'n tăbî'b ssûchtă nâ'nĭ

مِيلِى جَوْهَرْدَارُو دَرْ دِيدَهاَشْ كَشِيدْ عَلِيلْ

alî'l kăschî'd dîdă-ăsch dăr dschauhărdârû' mî'lî

كُفْت اَىْ مَوْلَانَا شِكَيِم مَنْ دَرْدْ مِيكُنَدْ

mî'kŭnăd dărd măn schĭkâmĭ maulâ'nâ ăj gŭft

جَوْهَرْدَارُو دَرْ عِلَاجِ آنْ چِه دَخْلَسْت

dăchlăst tschĭ ân ĭlâ'dschĭ dăr dschauhărdârû'

طَبِيبْ كُفْت چَشْمَتْرَا رُوشَنْ مِيگَرْدَانَمْ تَا

tâ mî'gărdânăm rûschăn tschăschmătrâ gŭft tăbî'b

مِنْ بَعْد نَانِ سُوخْتَه نَخَورِى وَبَقُولِنْجِ

wăbăkûlĭndsch năchŏrî ssûchtă nâ'nĭ bă'd mĭn

كِرِفْتَارْ نَكَرْدِى

năgărdî g'riftâ'r

I. Lektion.

A. Regeln.

Das J der Einheit. Vom Adjektiv.

1. Die Hauptwörter der perfischen Sprache haben kein gram=
matisches Geschlecht.

2. Es giebt keinen bestimmten Artikel; اسپ heißt: das
Pferd.[1]

3. Der unbestimmte Artikel „ein, eine, ein“ wird im Persi=
schen durch Anhängung eines langen ī (geschrieben ﯼ ﹾ) an das
Hauptwort bezeichnet z. B. اسپی ein Pferd.

Anm. 1. das i der Einheit ist unbetont (vergl. Seite 11, B, 4):
ásbī ein Pferd.

Anm. 2. bei Wörtern, welche auf ه oder auf langes ā, ū,
ī endigen, verfährt man nach folgenden Mustern:

بچّه das Kind: بچّهٔ (spr. bätschájī) ein Kind

جا der Ort: { جائی (spr. dschájī) ein Ort
{ جایی

عدو der Feind { عدوئی (spr. ʿádújī) ein Feind
{ عدویی

كشتی das Schiff كشتیٔ (spr. käschtíjī) ein Schiff.

4. Das Eigenschaftswort ist stets unveränderlich und steht
hinter dem Hauptwort; dem letzteren muß in diesem Falle ein
kurzes ĭ angehängt werden z. B.

مرد der Mann { مردِ خوب (spr. márdĭ chūb)
خوب gut { der gute Mann.

Anm. 1. بچّه خوب (spr. bätschájĭ chūb) das gute Kind;

---

[1] اسپ d. h. das unveränderte Hauptwort, dient auch zur Bezeichnung
der Gattung „Pferd“ sowie einer unbestimmten Zahl Pferde.

(جَاي دِيگَر) (ſpr. dschájï dīgår) der andere Ort; [1]

(عَدُوي بَد) (ſpr. ádújï båd) der böſe Feind; [2]

(كَشتِيي دِرَاز) (ſpr. käschtíjï dïrás) das lange Schiff (vergleiche oben), und ſo alle auf ā, ī, ū und ton= loſes ٥.

Anm. 2. „ein guter Mann" heißt entweder مَرْدِي خُوب (ſpr. mårdī chūb) oder مَرْدِ خُوبِي (ſpr. mårdï chúbī), ſeltener خُوب مَرْدِي.

B. Wörter [3]

شَهْر	die Stadt	أَسْپ	das Pferd
خَانَه	das Haus	بُزُرْگ	groß
مَرْد	der Mann	كُوچِكَ	klein
زَنْ	die Frau	بُلَنْد	hoch
پِدَرْ	der Vater	پَسْت	niedrig
مَادَرْ	die Mutter	پِير	alt
نَوْكَرْ	der Diener	جَوَانْ	jung
شَاهْ	der König	خُوش	ſchön, gut
سُلْطَانْ*	der Sultan	خُوب	gut
دِرَخْت	der Baum	بَد	ſchlecht
گُل	die Roſe	عَادِلْ*	gerecht

---

[1]) auch جَاء und جَائِى.

[2]) auch عَدُوء und عَدُوى.

[3]) Die mit einem * bezeichneten Wörter ſind arabiſchen Urſprungs.

ظالِمٌ* ungerecht, graufam

بِيمَازْ krank

سُرخ rot

خَسْتَه müde

(۱ اَسْت ift

بِسيَازْ fehr, viel

C. Übungen.

گُلْ سُرخْ اَسْت — نَوكَرْ بِيمَارَسْت — سُلْطَانْ ظَالِمَسْت —
دِرَخْت بُلَنْدَسْت — پِدَرْ بِسيَازْ خَسْتَه (۲ اَسْت — خَانَه
پَسْتَسْت — شَاهْ عَادِلَسْت — شَهْر بُزُرْگَسْت — لَنْدَنْ
شَهْرِى بُزُرْگَسْت(۳ — مَحْمُودْ سُلْطَانْ عَادِليسْت — حُسَيْن
نَوكَرِى خُوبَسْت — مَادَرْ زَنِى خُوبَسْت — نَوكَرْ خُوبْ
بِيمَارَسْت — اَسْپ كُوچِكْ جَوَانَسْت — شَاهْ پِيرْ عَادِلَسْت

Die Stadt ist groß. Das Haus ist hoch. Der Mann ist
schlecht. Der Diener ist jung. Die Mutter ist gut. Der König
ist gerecht. Die rote Rose ist schön. Achmed (اَحْمَد) ist ein
guter Diener. Der alte Mann ist sehr müde. Die Mutter ist eine
alte Frau. Der Sultan ist sehr ungerecht. Paris (پَارِيس) ist
eine sehr große Stadt. Ein niedriges Haus. Ein hoher Baum.
Ein gerechter König. Ein kleines Haus. Der ungerechte Sultan.
Die rote Rose. Der kranke Diener.

---

¹) اَسْت wird mit dem vorhergehenden Worte meist zusammengeschrieben:
in diesem Falle fällt das ا fort, nach einem Vokale auch das anlautende Sabar
z. B. مَرْدِيسْت ift gut; كُوبَسْت ift ein Mann (spr. márdist).

²) nach einem stummen ه darf das ا von اَست nicht ausfallen.

³) لَنْدَنْ شَهْرِيسْت oder لَنْدَنْ شَهْرِ بُزُرْگِيسْت oder
لَنْدَنْ بُزُرْگْ شَهْرِيسْت oder شَهْرِ بُزُرْگْ.

II. Lektion.

A. Regeln.

Die Deklination.

Das perfische Hauptwort wird nach folgendem Muster deklinirt:

Nom. مَرْد der Mann

Gen. مَرْد des Mannes

Dat. مَرْد را } dem Manne
بَمَرْد

Akkuf. مَرْد را den Mann.

Anm. 1. Der Genetiv hat dieselbe Form wie der Nominativ; dagegen muß dem Hauptworte, welches den Genetiv regiert, ein kurzes ĭ angehängt werden z. B.

اَسْپِ مَرْد (fpr. ắsbĭ mắrd) das Pferd des Mannes.

Die Wörter auf ā, ū, ī und tonloses ъ werden behandelt wie bei einem folgenden Eigenschaftswort (vergl. Lektion I, 4. Anm. 1).

Anm. 2. مَرْد را und بَمَرْد kann Dativ und Akkusativ sein, dagegen nur Dativ. Die Endung را kann, wenn anders die zusammentreffenden Buchstaben es gestatten, auch mit dem Hauptwort zusammengeschrieben werden z. B. اَسْپِرَا das Pferd (Akk.).

Anm. 3. Man merke besonders:

اَسْپِ مَرْدرَا das Pferd (Akk.) des Mannes oder dem Pferde des Mannes

مَرْدِ خُوبْرَا den guten Mann oder dem guten Manne

اَسْپِ وخَرْرَا ein Pferd und einen Efel.

In diesen Verbindungen wird die Endung rā dem zweiten Worte angehängt.

Anm. 4. Wird ein Hauptwort in ganz unbestimmtem Sinne

gebraucht, so fällt die Endung rā des Akkusativs weg z. B. مَیْ نُوشِیدَنْ Wein trinken, dagegen مَیْرَا نُوشِیدَنْ den Wein trinken.

B. Wörter.

بَاچِه das Kind	مِیکُشَدْ (er) tötet
كِتَابْ* das Buch	مِیتَخَرَدْ (er) kauft
پِسَرْ der Sohn	مِیتَخُورَدْ (spr. michöräd)(er) ißt
نَانْ das Brod	دُوسْت دَارَدْ (er) liebt
نَمَكْ das Salz	بَعْقُوبَتْ رَسَانَدْ (er) bestraft
آبْ das Wasser	مُحْتَرَمْ دَارَدْ (er) ehrt
خَرْ der Esel	مِینُوشَدْ er trinkt
جَارْ* der Nachbar	سَفِیدْ weiß
هَوَا* die Luft, das Wetter	لَطِیفْ* mild, angenehm
دَوَا die Arzenei	عَاصِی* ungehorsam
شِیرْ der Löwe	قَوِی* stark
شِكَارْچِی der Jäger	اِمْرُوزْ heute
مِیدِهَدْ (er) giebt	وُ, und
مِیبِینَدْ (er) sieht	

C. Übungen.

مَرْد اَسْپْرَا مِیبِینَدْ – سُلْطَانْ شِیرْرَا مِیکُشَدْ – مَادَرْ بَاچِهْرَا دُوسْت دَارَدْ – زَنْ جَوَانْ نُحْلِی مِیتَخَرَدْ – پِدَرْ اَسْپِ بِیمَارْرَا مِیکُشَدْ – بَاچِه پِدَرْ وَمَادَرْرَا دُوسْت دَارَدْ –

2*

پِدَرْ بَپِسَرْ كِتَابْ‌رَا مِيدِهَدْ – پِدَرْ بَپِسَرْ كِتَابِ خُوبْ‌رَا مِيدِهَدْ – مَرْدْ خَانَهٔ پَسْت رَا مِيخَرَدْ – پِدَرْ شَاهِ عَادِلْ‌رَا مُحْتَرَمْ دَارَدْ – مَادَرْ بَنَوْكَرِ خَسْتَه نَانْ وَنَمَكْ مِيدِهَدْ – شِهْرِ سُلْطَانْ بُزُرْكْ وَخُوشِسْت – اَسْپِ پِدَرْ بُلَنْدَسْت – پِدَرْ خَرِ جَازْ رَا مِيخَرَدْ – پِدَرْ خَرِ پِيرِ جَازْرَا مِيخَرَدْ – نَوْكَرِ سُلْطَانْ اَسْپِ سَفِيدْرَا مِيخَرَدْ – هَوَا اِمْرُوزْ بِسْيَارْ لَطِيفَسْت –

Der König bestraft den bösen Diener. Der Knabe ehrt den alten Mann. Der Sultan kauft das Pferd des Vaters. Der gerechte Sultan kauft das weiße Pferd des guten Vaters. Die Mutter giebt dem kranken Knaben Arznei. Dem guten Sultan ist ein ungerechter Diener (= er hat). Der Jäger tötet den starken Löwen. Dem Diener des Sultans ist ein großes Haus. Der Vater bestraft den ungehorsamen Sohn.

III. Lektion.

A. Regeln.

Die Bildung der Mehrzahl des Hauptwortes.

1. Die Mehrzahl der persischen Hauptwörter wird durch die Endungen ها und ان gebildet, von denen die erstere allen Hauptwörtern (vorzugsweise denen, welche unbelebte Gegenstände bezeichnen), die zweite nur den Bezeichnungen lebender Wesen angehängt wird z. B. اَسْپِها oder اَسْپَانْ (spr. äsbhā' oder äsbā'n) die Pferde, aber nur سَنْگْها (spr. ssänghā') die Steine (nicht سَنْگَانْ).

Anm. 1. Besonderheiten des Plurals auf ان:

دَانَايَان der Weiſe: (mit Einſchiebung eines j)

آهُويَان die Gazelle آهُو

پَارْسِيَان der Perſer پَارْسِی

مُرْدَگَان der Tote مُرْدَه

Ebenſo bilden alle Wörter auf â, û, î und ſtummes ه.

Anm. 2. Wenn einem Worte auf ه‿ die Endung ها angefügt wird, ſo fällt gewöhnlich ein ه aus, z. B.

جَامَهَا das Kleid: جَامَه

Anm. 3. Arabiſche Wörter bilden ihre Mehrzahl nach den=ſelben Regeln wie die rein perſiſchen Subſtantive; doch ſind auch die nach arabiſcher Weiſe gebildeten Plurale im Gebrauch, wovon ſpäter.

2. Der Plural wird nach denſelben Regeln deklinirt, wie der Singular, z. B.

Nom.	مَرْدَان	die Männer	سَالْهَا	die Jahre
Gen.	مَرْدَانْ	der Männer	سَالْهَا	der Jahre
Dat.	مَرْدَانْرَا بِمَرْدَان	} den Männern	سَالْهَارَا بِسَالْهَا	} den Jahren
Akk.	مَرْدَانْرَا	die Männer	سَالْهَارَا	die Jahre

B. Wörter.

دُوسْت der Freund

مَمْلَكَتْ* das Land

بَاغْ der Garten

عَرَابَه* der Wagen

گَدَا der Bettler

شُتُر das Kameel

بَدْگُو der Verleumder

دِه das Dorf

جَنْگِی der Soldat

وَفَادَارْ* treu

أَنْد[1] (ſie) ſind

---

[1] von أَنْد gilt dasſelbe, was in der Anmerkung zu Lektion I von أَسْت geſagt iſt.

مِيكَشَنْد (fie) ziehen   بُغْض دَارَدْ (er) haßt

فِرَارْ كُنَنْد (fie) fliehen   اَزْ von, aus (mit dem unver-
änderten Hauptwort verbunden)

C. Übungen.

نَوْكَرَانِ شَاهْ بِيمَارَنْد — دِرَخْتْهَايِ بَاغِ سُلْطَانْ بُلَنْدَنْد —
خَانَهَايِ شَهْرِ لَنْدَنْ بُلَنْدَنْد — اَسْبْهَايِ قَوِى عَرَابَهرا
مِيكَشَنْد — مَرْدَانْ وَزَنَانْ اَزْ شَهْرِ فِرَارْ كُنَنْد — شَاهْ
جِنْگِيَانِ عَاصِى رَا بَعْقُوبَتْ رَسَانَدْ — پِسَرَانْ بِسْيَارْ
خَسْتَه اَنْد — پِدَرْ بَپِسَرَانْ نَانْ مِيدِهَدْ —

Die Rosen des Gartens sind rot. Die Städte dieses (اِينْ)
Landes sind groß. Die Bettler sind müde. Die Kinder geben
dem Bettler Brot. Der gute Mann haßt die Verleumder. Der
Kaufmann kauft die Kameele. Die Häuser des Dorfes sind sehr
niedrig. Die Freunde des gerechten Sultans sind treu. Die
Jäger töten den starken Löwen.

IV. Lektion.

A. Regeln.

Die Grundformen des Zeitwortes und die Ableitungen des verkürzten Infinitivs.

1. Die persischen Zeitwörter endigen teils auf دَنْ, teils auf
تَنْ, z. B. بُودَنْ sein, گُفْتَنْ sagen.

2. Die Grundformen des persischen Zeitwortes sind der verkürzte Infinitiv und der Stamm. Der erstere wird
gefunden, indem man die Endung an vom Verbum abtrennt,
z. B. lautet

von كُفْتَنْ (spr. gúftän) sagen

der verkürzte Infinitiv كُفْت (güft).

Über den Gebrauch des verkürzten Infinitivs wird später ge=
handelt werden.

3. Von dem verkürzten Infinitiv bildet man durch An=
hängung der Personalendungen des persischen Zeitwortes das
Präteritum.

Die Personalendungen sind ăm (مَ‿) für die 1. Pers.
î (ی‿)   „ „ 2. „
—   „ „ 3. „
îm (یْم‿) „ „ 1. „
îd (ید‿) „ „ 2. „
ănd (نْد‿) „ „ 3. „

Diese Endungen kehren in allen Zeitformen des persischen
Zeitwortes wieder; sie sind nach Seite 11, No. 6 unbetont.

Das Präteritum lautet demnach z. B. von كُفْتَنْ „sagen“:

كُفْتَمْ ich sagte

كُفْتِی du sagtest

كُفْت er sagte

كُفْتِیمْ wir sagten

كُفْتِید ihr sagtet

كُفْتَنْد sie sagten.

Der Bedeutung nach entspricht diese Form unserem Imper=
fektum in der Erzählung, (im Französischen dem passé défini, im
Griechischen dem Aorist, im Lateinischen dem perfectum historicum).

4. Das Imperfektum wird vom Präteritum gebildet,
indem man den Formen desselben die Silbe مِی oder هَمِی vor=
setzt; dieselbe kann auch getrennt geschrieben werden:

z. B. كَرْدَنْ thun.

Imperfektum.

هَمِيكَرْدَمْ	oder مِيكَرْدَمْ	ich that
هَمِيكَرْدِى	„ مِيكَرْدِى	bu thateft
هَمِيكَرْد	„ مِيكَرْد	er, fie, es that
هَمِيكَرْدِيمْ	„ مِيكَرْدِيمْ	wir thaten
هَمِيكَرْدِيدْ	„ مِيكَرْدِيدْ	ihr thatet
هَمِيكَرْدَنْد	„ مِيكَرْدَنْد	fie thaten.

In seiner Bedeutung entspricht das persische Imperfektum dem lateinischen Imperfektum und dem französischen Imparfait d. h. es dient zur Bezeichnung der einfachen Vergangenheit in Beschreibungen, Schilderungen und zur Angabe der die Haupt-handlung begleitenden Nebenumstände.

Statt مِيكَرْد, مِيكَرْدَنْد und مِيكَرْدِى fagt man auch كَرْدَمِى, كَرْدَنْدِى und كَرْدِى.

5. Vom verkürzten Infinitiv wird endlich das Partizipium der Vergangenheit gebildet durch Anhängung von ah (هـ) z. B.

كَرْدَه „gethan" von كَرْدَنْ „thun"

رَفْته „gegangen" von رَفْتَنْ „gehen" u. f. f.

Das Zeitwort steht im Persischen meist am Ende des Satzes.

Da die Person durch die Endung des Zeitwortes genügend gekennzeichnet wird, so bleiben die persönlichen Fürwörter oft weg.

B. Wörter.

آوُرْدَنْ bringen		نُوِشْتَنْ fchreiben
شُدَنْ werden		دَاشْتَنْ haben
آمَدَنْ kommen		مُرْدَنْ fterben
دِيدَنْ fehen		يَافْتَنْ finden
گُذَشْتَنْ vergehen		دَانِسْتَنْ wiffen

رَفْتَن gehen

كُفْتَن sagen

خَرِيدَن kaufen

بُودَن sein

صَابُون die Seife

كُوسَالَه das Kalb

كَاو das Rind

رَفِيق* der Freund

خَواب der Schlaf, der Traum

پَا der Fuß

پَا شُدَن aufstehen

سَال das Jahr

حَال* der Zustand

اَحْمَد Achmed

كَاغِذ der Brief

مَنْزِل* die Wohnung

غَرِيب* sonderbar, seltsam

نَاخُوش krank, unwohl

نَشُد (نَ—شُد =) wurde nicht

دِيشَب gestern Nacht

دِيرُوز gestern

وَقْتِيكِه als

كِه daß

يَا o! (bei der Anrede)

كَی wann?

C. Übungen.

نَوْكَرْ آبُ وَصَابُون آوُرْد — كُوسَالَه پِير شُدْ وكَاو نَشُدْ —

خُوش آمَدِی يَا رَفِيق — دِيشَب غَرِيبِ خَوابِی مِيدِيدَم —

كَی پَا شُدِيدْ — سَال كُذَشْت حَال كُذَشْت — شَاه دِيرُوز

نَاخُوش شُدْ — وَقْتِيكِه اَحْمَد آمَد كَاغِذ مِينُوِشْتِيم —

سَالِ كُذَشْتَه پِدَر ومَادَر بِلَنْدَن مَنْزِل دَاشْتَنْدِی —

سُلْطَانَان مُرْدَنْد — يَافْتَنْدِی — شُدِيم — آوُرْدَنْد — دِيدَه

مِيدَانِسْتَم — رَفْتَه — مِيكُفْتِی — آمَدِيد — هَمی

خَرِيدِی — مُرْدَه — مَرْدِی بَاغِ خُوش دَاشْت

Der Kaufmann kaufte (Prät.) die Kameele. Die Kaufleute kauften die Kameele. Die Jahre vergingen (übersetze: verging). Die Bettler gingen davon (Imperf.). Willkommen, o Freunde (übersetze: wohl d. h. zu guter Stunde kommt ihr). Gestern sahen wir den Vater des Sultans. Das Wetter war gestern sehr schön und angenehm. Sie kauften ein gutes Buch. Die Nachbarn wußten, daß er gekommen war. Gestern Nacht hatte ich (übersetze: sah ich) einen schlechten Traum. Wann kamt ihr? Wir fanden (Prät.). Gewesen. Gekauft. Ihr hattet (Imperf.). Du wurdest (Prät.). Du gingst (Imperf.). Sie wußten (Prät.).

V. Lektion.

A. Regeln.

Die persönlichen Fürwörter.

Die persönlichen Fürwörter lauten:

مَنْ	ich	مَا	wir
تُو	du	شُمَا	ihr
اُو, وَیْ	er, sie, es	اِیشَانْ	sie.

Dieselben werden deklinirt wie Hauptwörter, nur merke man

a) statt تُرَا und تُورَا sagt man stets مَرَا und مَنْرَا

b) statt بَدِیشَانْ und بَاوُ sagt man auch كَبِیشَانْ und كَدُو

Für den Dativ und Akkusativ gebraucht man häufig die folgenden Suffixe:

mir mich	ـَم	uns	ـمَانْ
dir dich	ـَت	euch	ـتَانْ
ihm ihn	ـَش	ihnen sie	ـشَانْ

Diese Suffixe können einem beliebigen Worte des Satzes angehängt werden, mit Ausnahme von و und, یَا oder, und (in

guter Rede) von Präpositionen. Nach auslautendem ‌ه‌⸗ schreibt
man اَش‌, اَت‌, اَم‌. Nach auslautendem وَ⸗, schiebt man gewöhnlich ein ی ein. Nach auslautendem ی‌⸗ schreibt man يَم‌‌ u. s. f.

B. Wörter.

شِنَاخْتَن‌	kennen	خَبَرْ*	die Nachricht
كُشْتَن‌	töten	يَادْ	die Erinnerung
دَادَنْ	geben	وَقْت*	die Zeit
پُرْسِيدَنْ	fragen	نَامَه‌	der Brief, das Buch
پَسَنْدِيدَنْ	billigen, gern haben	كه‌	wer?
فِرِسْتَادَنْ	schicken	خَيْلِی	sehr, viel
رَاهْ	der Weg	مُحْتَرَمْ كَرْدَنْ*	ehren (eigentl.: geehrt machen)
چِيز	das Ding, die Sache	آيَا	Fragepartikel [1]

C. Übungen.

مَنْ أُورَا دِيدَمْ — آيَا تُو اِيشَانْرَا شِنَاخْتِی — مَا يَافْتَمَش‌
— شُمَا كُشْتِيدَش‌ — أُو مَرَا نَانْ مِيدَادْ — أُو أَزْ مَنْ رَاهْ
پُرْسِيدْ — اِيشَانْ مَارَا چِيزِی دَادَنْد — مَا خَبَرَش‌ دَارِيمْ —
مَا بَدُو خَبَرْ دَارِيمْ — مَرَا أَزْ أُو يَادْ آمَدْ — آيَا شُمَا
پَسَنْدِيدِيدَش‌ — كه‌ تُرَا فِرِسْتَادْ — كه‌ فِرِسْتَادَتْ — أُو
بَمَنْ نَامَه‌ نُوشْت‌ — آيَا نَوْكَرْ آبْ وصَابُونَتْ آوُرْدْ — كه‌
نَامَه‌رَا بَتُو دَادْ — بَنْدَه‌ دَادَمْ — سَالِ كُذَشْتَه‌ مَا بَپَارِيسْ

---

[1] steht meist am Anfange eines Fragesatzes, sofern er nicht durch ein
anderes Fragewort eingeleitet wird.

مَنْزِلِ مِيداشْتِيمْ — اَحْمَدْ وَقَادَارْ بُودْ ما بِسْيَارْ دُوسْتَشْ دَاشْتِيمْ وَاُو مَارَا بِسْيَارْ مُحْتَرَمْ كَرْد

Er bestraft mich. Der Nachbar haßt uns. Er giebt mir Brod und Salz. Gestern sah ich (übers. ich sah) den Freund des Sultans. Wer gab dir Nachricht? Gabst du ihm Nachricht? Ich gab ihm Nachricht. Wir gaben ihm Nachricht. Wer tötete sie (d. h. die Leute)? Der Diener des Sultans tötete sie. Der Sultan bestraft ihn und uns. Wußtet ihr etwas (eine Sache)? Gaben Sie ihnen Nachricht. Wer kannte ihn? Ich kannte ihn, er war ein Freund des Sultans. Er haßt euch.

VI. Lektion.

A. Regeln.

Das Hilfszeitwort بُودَنْ „sein".

I. Präsens.

اَمْ oder مِيبَاشَمْ ich bin

اِى „ مِيبَاشِى du bist

اَسْت „ مِيبَاشَدْ er ist

اِيمْ „ مِيبَاشِيمْ wir sind

اِيدْ „ مِيبَاشِيدْ ihr seid

اَنْد „ مِيبَاشَنْد sie sind.

II. Präteritum.

بُودَمْ ich war   بُودِيمْ wir waren

بُودِى du warst   بُودِيدْ ihr waret

بُودْ er war   بُودَنْد sie waren.

III. Imperfektum.

میبُودَمْ oder میبُودَمی ich war   میبُودیمْ wir waren

میبُودی du warst   میبُودید ihr waret

میبُودْ oder میبُودی er war   میبُودَنْد oder میبُودَنْدی sie waren.

IV. Perfektum.

بُودَه اَمْ ich bin   بُودَه ایمْ wir sind

بُودَه ای oder بُودَه du bist   بُودَه ایدْ ihr seid   } gewesen.

بُودَه اَسْت er ist   بُودَه اَنْد sie sind

V. Plusquamperfektum.

بُودَه بُودَمْ ich war   بُودَه بُودیمْ wir waren

بُودَه بُودی du warst   } gewesen   بُودَه بُودید ihr waret   } gewesen.

بُودَه بُودْ er war   بُودَه بُودَنْد sie waren

VI. Futurum I.

خَواهَمْ بُودْ ich werde   خَواهیمْ بُودْ wir werden

خَواهی بُودْ du wirst   } sein   خَواهیدْ بُودْ ihr werdet   } sein.

خَواهَدْ بُودْ er wird   خَواهَنْد بُودْ sie werden

VII. Aorist.

باشَمْ ich bin oder ich sei   باشیمْ wir sind

باشی du bist   باشیدْ ihr seid

باشَدْ er ist   باشَنْد sie sind

VIII. Futurum II.

بُودَه باشَمْ ich werde gewesen sein   بُودَه باشی du wirst gewesen sein

u. s. w.

IX. Participia.

a) der Gegenwart باشنده‌ seiend

b) der Vergangenheit بوده‌ gewesen.

X. Imperativ.

باش sei

باشیم laßt uns sein

باشید seid.

Bemerkungen.

a) zum Präsens. Statt des Präfixes می in میباشم kann auch durchgängig همی stehen. Die kurzen Formen des Präsens werden dem vorausgehenden Worte meist angehängt; in diesem Falle fällt der Vokalträger ا weg. Eine Anzahl weiterer orthographischer Besonderheiten zeigen die folgenden Beispiele:

ich bin	منم	wir sind	مائیم
du bist	توئی (tú'i)	ihr seid	شمائید
er ist	اوست / ویست	sie sind	ایشانند

ich bin gerecht	عادلم	wir sind gerecht	عادلیم
du bist gerecht	عادلی	ihr seid gerecht	عادلید
er ist gerecht	عادلست — عادل است	sie sind gerecht	عادلند.

بنده‌ام ich bin Sklave (immer getrennt, außer بنده statt بنده‌ای du bist Sklave).

دانایم — دانا ام und ich bin weise

دانائی du bist weise

داناست (دانایست seltener) er ist weise

دَانَاثِيم اِيم wir find weife

دَانَاثِيد اِيد ihr feid weife

دَانَايَنْد اَنْد fie find weife.

(مَرْدِى اَمْ) مَرْدِيَمْ ich bin ein Mann (ſtatt

مَرْدِى du biſt ein Mann

مَرْدِيسْت er iſt ein Mann.

خُوشْرُويَمْ ich bin ſchön

خُوشْرُوئِى du biſt ſchön

خُوشْرُوسْت er iſt ſchön (ſeltener خُوشْرُويِسْت).

چِيسْت (چِه اَسْت =) كِيسْت (كِه اَسْت =) wer iſt? was iſt?

اَزْ تُسْت (تُو اَسْت =) اُوئِى du biſt der. es iſt von dir

b) zum **Präteritum.** Demſelben kann auch die betonte Partikel بِ vorgeſetzt werden بِكَرْدَمْ ich that u. ſ. w.

c) zum **Imperfektum.** Statt مِى kann auch هَمِى vor= geſetzt werden.

d) zum **Futurum.** Statt des verkürzten Infinitivs بُود kann auch die volle Form بُودَنْ ſtehen. Den Formen des Hilfs= zeitwortes خَواهِى, خَواهَمْ u. ſ. w. kann auch بِ präfigirt werden: بِخَواهَمْ بُود u. ſ. w.

e) zum **Aorist:** Derſelbe lautet auch:

بُويَمْ	بُويَمْ
بُويِد	بُوى
بُوَنْد	بُوَدْ

Beiden Formen kann دِ vorgesetzt werden:

بِبُوَمْ und بِبَاشَمْ u. f. w.

Der Aorist steht in der Bedeutung eines unbestimmten Präsens und dient auch zum Ausdruck des Futurums, besonders in der mit دِ verbundenen Form. Ohne دِ dient diese Form auch als Konjunktiv besonders in relativen Sätzen und nach Finalkonjunktionen.

f) zum Partizipium: Für die Gegenwart finden sich auch die Formen بُوَنْدَه und كَاشَا.

g) zum Imperativ. Demselben wird meist دِ vorgesetzt. Die übrigen Formen werden durch den Aorist ersetzt.

B. Wörter.

جَوَابْ* die Antwort

خَامُوشِى das Schweigen

عَلَامَتْ* das Zeichen

رِضَا* das Einverständnis

چِرَاغْ die Lampe

هَارُونُ الرّشِيدْ (spr. Hârûn ärräschî'd) Harun der Gerechte

بَاغْبَانْ der Gärtner

مِيوَه die Frucht, das Obst

گُوشْ das Ohr

حَكِيمْ* der Arzt

عِيَادَتْ* der Krankenbesuch

مُورْ die Ameise

شَبْنَمْ der Thau, der Thautropfen

طُوفَانْ die Überschwemmung

سَاعَتْ* die Stunde, die Uhr

ظُهْرْ* der Mittag

سَعْدِى Saadi (ein berühmter persischer Dichter)

شَاعِرْ* der Dichter

عَاشِقْ* der Liebende, der Liebhaber

اَدَبْ* die Höflichkeit, die gute Sitte, die Bildung

حَيَاتْ* das Leben

آشْنَائِى die Freundschaft

مَرْدِى die Männlichkeit, das tapfere, männliche Verhalten

نَامَرْدِى die Unmännlichkeit, die Feigheit

قَدَمْ* der Schritt

اِصْفَهَانْ Isfahan

نِصْف* die Hälfte

جِهَانْ die Welt

قَهْوَه‌خَانَه das Kaffeehaus

اِنْگِلِسْتَانْ England

جَاهِلْ* thöricht, der Thor

تَارِيكْ dunkel

يَكْ eins

دُو (spr. dŭ) zwei (mit dem Sing. verbunden)

دَانَا weise

كَرْ taub

رُوزَانَه täglich

عَاقِلْ* verständig

اِينْجَا hier

كُجَا wo?

بَعْد* أَزْ nach (mit dem Akkusativ ohne را)

گَرْم warm

دِلَاوَرْ mutig

مُتَّقِى* fromm, gottesfürchtig

هَمِيشَه immer

دَرْ in (mit dem Akkusativ ohne را)

اَلْبَتَّه* sicherlich! gewiß!

آنْجَا dort

چَه‌طَوْر, چِطَوْر wie

مُطِيعْ* gehorsam

سَرْد kalt

C. Übungen.

جَوَابِ جَاهِلَانْ خَامُوشِى بَاشَدْ (Sprichwort) — خَامُوشِى عَلَامَتِ رِضَا أَسْت (Sprichwort) — بَنْدَه[1] بِيمَارْ بُودَمْ — پَایِ چِرَاغْ تَارِيكْ مِيبَاشَدْ (Sprichwort) — شَاهِى‌رَا دُو پِسَرْ بُودَنْد — هَارُونُ الرَّشِيد سُلْطَانِى بُودْ عَادِلْ وَدَانَا — بَاغْبَانْرَا وَقْتِ مِيوَه تُوشْ گَرْ مِيبَاشَدْ (Sprichwort) —

---

[1] eigentlich „der Sklave, der Diener“, dann höflicher Ausdruck für „ich“.

Perfisch. 3

وَقْتِيكِه بِيمَارْ مِيبُودَمْ حَكِيمْ مَرَا رُوزَانَه عِيَادَتْ مِيكَرْد —

دِيرُوزْ دَرْ بَاغِ سُلْطَانْ بُودَه اِيمْ — دَرْ خَانَهٔ مُورْ شَبْنَمِی

طُوفَانْ اَسْت (Sprichwort) — وَقْتِيكِه پِيرْ خَواهِی بُودْ عَاقِلْ

خَواهِی بُودْ — سُلْطَانْ کَیْ اِينْجَا بُودْ — یَکْ سَاعَتْ بَعْد

اَزْ ظُهُرْ بُودْ — سَعْدِی شَاعِرِ خُوبِی بُودْ — هِنْدُوسْتَانْ

بِسْیَارْ گَرْم مِيبَاشَدْ — دِلَاوَرْ بِبَاشْ — هَمِيشَه مُتَّقِی

بِبَاشِيمْ

Der Liebende ist blind. Höflichkeit ist das Wasser des Lebens der Freundschaft. Von der Männlichkeit bis zur Unmännlichkeit ist ein Schritt. Isfahan ist die Hälfte der Welt. Ich bin ein Diener des Sultans. Wo seid ihr? Ihr seid jung; wir sind alt. Der Sohn des Bettlers war müde und krank. Waret ihr hier gewesen? Der Sultan Achmed war ein gerechter Mann. Wirst du heute im Kaffeehaus sein? Sicherlich, ich werde dort sein. Das Wetter wird morgen schön sein. Wie war das Wetter gestern? Seid immer gehorsam. Du bist ein Verleumder. England ist ein kaltes Land. Gestern war sie unwohl. Wann werdet ihr hier sein? Wer ist dort? Wir sind (es).

VII. Lektion.

A. Regeln.

Die hinweisenden und besitzanzeigenden Fürwörter.

1. Die hinweisenden Fürwörter sind: اِينْ (in) dieser, diese, dieses und آنْ (ân) jener, jene, jenes. In Verbindung mit einem Hauptwort stehen sie vor demselben und bleiben unverändert, z. B.

Singular.

Nom.	اِینْ اَسْب	dieſes Pferd
Gen.	ـرِاینْ اَسْب	dieſes Pferdes
Dat.	اِینْ اَسْبِرَا	} dieſem Pferde
	(‹كِدِینْ اَسْب	
Aff.	اِینْ اَسْبِرَا	dieſes Pferd

Plural.

Nom.	اِینْ اَسْبِهَا	dieſe Pferde
Gen.	ـرِاینْ اَسْبِهَا	dieſer Pferde
Dat.	اِینْ اَسْبِهَارَا	} dieſen Pferden
	كِدِینْ اَسْبِهَا	
Aff.	اِینْ اَسْبِهَا	dieſe Pferde.

Singular.

Nom.	آنْ مَرْد	jener Mann
Gen.	ـآنْ مَرْد	jenes Mannes
Dat.	آنْ مَرْدِرَا	}
	بَدَانْ مَرْد	jenem Manne
	بَآنْ مَرْد	}
Aff.	آنْ مَرْدِرَا	jenen Mann

Plural.

Nom.	آنْ مَرْدَانْ	jene Männer
Gen.	ـآنْ مَرْدَانْ	jener Männer

---

[1] ſtatt بَاینْ, zur Vermeidung des Hiatus.

Dat. آنْ مَرْدَانْرَا

بَدَانْ مَرْدَانْ } jenen Männern

بَآنْ مَرْدَانْ

Akk. آنْ مَرْدَانْ رَا jene Männer.

Wenn die hinweisenden Fürwörter allein stehen, so werden sie wie Hauptwörter deklinirt:

Singular.

اِینْ dieser, diese, dieses   آنْ jener, jene, jenes

ـرِاینْ dieses   ـرْآنْ jenes

اِینْرَا

بَدِینْ } diesem   آنْرَا

بَدَانْ } jenem

بَآنْ

اِینْرَا diesen   آنْرَا jenen

Plural.

اِینْهَا diese   آنْهَا jene

ـرِاینْهَا dieser   ـرْآنْهَا jener

اِینْهَارَا

بَدِینْهَا } diesen   آنْهَارَا

بَدَانْهَا } jenen

اِینْهَارَا diese   آنْهَارَا jene.

Die Plurale اِینَانْ und آنَانْ sind veraltet.

2. Die besitzanzeigenden Fürwörter können im Persischen auf zweierlei Art ausgedrückt werden, nämlich einmal durch den Genetiv der persönlichen Fürwörter:

پِدَرِ مَنْ mein Vater

پِدَرِ تُو dein Vater

پِدَرِ اُو oder وَى sein, ihr Vater

پِدَرِ مَا unſer Vater

پِدَرِ شُمَا euer Vater

پِدَرِ اِیشَان ihr Vater.

Bei der Deklination iſt darauf zu achten, daß die Endung را des Dativs und Akkuſativs dem Pronomen angehängt werden muß, z. B.

پِدَرِ مَرَا meinen Vater (für مَن را, vergl. Lektion II Anm. 3 und V, a).

Die beſitzanzeigenden Fürwörter können ferner ausgedrückt werden durch Anhängung der in Lektion V erwähnten Perſonal= ſuffixe an das Hauptwort nach folgenden Muſtern:

a) konſonantiſch endigende Wörter

پِدَرَم mein Vater

پِدَرَت dein Vater

پِدَرَش ſein, ihr Vater

پِدَرِمَان unſer Vater

پِدَرِتَان euer Vater

پِدَرِشَان ihr Vater.

b) Wörter auf ه

خَانَه das Haus

خَانَه اَم mein Haus   خَانَه مَان unſer Haus

خَانَه اَت dein Haus   خَانَه تَان euer Haus

خَانَه اَش ſein Haus   خَانَه شَان ihr Haus.

c) Wörter auf â und û

قَبَا der Rock   رُو das Geſicht

قَبَایَم, قَبَام mein Rock   رُویَم mein Geſicht

قَبَایَت dein Rock   رُویَت dein Geſicht

قَبَایَش, قَبَاش ſein Rock   رُویَش ſein Geſicht

d) Wörter auf ı

كُرْسِى der Sessel

كُرْسِيَمْ mein Sessel

كُرْسِيَتْ dein Sessel

كُرْسِيَشْ sein Sessel

u. s. w.

Wenn dem durch ein besitzanzeigendes Fürwort näher bestimmten Hauptwort ein Eigenschaftswort folgt, so werden diese
Suffixe dem letzteren angefügt, z. B.

اَوْصَافِ حَمِيدَهَ اَشْ seine löblichen Eigenschaften

„Der Meinige" heißt مَالِ مَنْ (b. h. mein Eigentum) oder
آنِ مَنْ (— der von mir); die übrigen werden ebenso gebildet:

der Deinige	مَالِ تُو oder	آنِ تُو	
der Seinige	مَالِ اُو „	آنِ اُو	
der Unsrige	مَالِ مَا „	آنِ مَا	
der Eurige	مَالِ شُمَا „	آنِ شُمَا	
der Ihrige	مَالِ اِيشَانْ „	آنِ اِيشَانْ	

B. Wörter.

آسِيَا die Mühle

كُرْدِشْ die (drehende) Bewegung,
die Umdrehung

صَبْر* die Geduld

اَيُّوب Hiob

دُكَّانْ* der Laden

بَرَاتْ* der (Geld-)Wechsel

يَخْ das Eis

مَالْ* das Eigentum

اَسْتَر das Maultier

خَالْ* der Oheim (mütterlicherseits)

طَوِيلَه der Stall

كَارْد das Messer

زَبَان die Zunge; die Sprache	بَر auf (mit dem Akkus. ohne را)
بَازِی das Spiel	سَخْت hart
سَر der Kopf	كُنْگ lahm
صَبر كَرْدَن Geduld haben (eig. machen)	گِرَان teuer (vom Preis)
نَكَرْد (= دَ—كَرْد) er machte nicht	عَزِيز* teuer (= geliebt)
	أَرْزَان billig

C. Übungen.

آسِيَايِش هَمِيشَه دَرْ گَرْدِش اَسْت (Sprichwort) — آنْ صَبر كِه مَا كَرْدِيمْ اَيُّوبْ نَكَرْد (Sprichwort) — اِينْ سَاعَتْ را كُجَا خَرِيدِيدْ — دَرْ آنْ دُكَّانْ خَرِيدِيمْ — آبْ وَهَوَايِ اِينْ مَمْلَكَتْ بِسيَارْ خُوبَسْت — پِدَرَمْ اِينْ اَسْپَ را خَيْلِى مِيپَسَنْدِيدْ — نَوكَرِ نَاخُوشِتَانْ را آيَا كُوا مِيدَادِيدْ — اِينْ بَرَاتْ بَرْ يَخْ نُوشْتَه اَسْت (Sprichwort) — آنْ كِتَابْها مَالِ كِيسْت — اِينْ كِتَابْ مَالِ مَنَسْتُ وَآنْ كِتَابْ مَالِ دُوسْتَمْ اَسْت — جَارمَانْ شُمَا را بُغْص دَارَدْ — بَنْدَه اَسْپ سَفِيدْ هَمِيشَه مِيپَسَنْدِيدَمْ — اَسْتَرْ را گُفْتَنْد پِدَرَتْ كِيسْت گُفْت اَسْپ خَالِ مَنَسْت (Sprichwort) —

Dieſer Baum iſt hoch; jenes Haus iſt niebrig. Sahet ihr mein Haus? Sahet ihr meine Häuſer. Gabſt du dieſem Bettler etwas (ein Ding)? Ich gab ihm jenes harte Brot. Wo iſt dein mübes Pferd? Mein mübes Pferd iſt im Stalle. Wer iſt in deinem Garten? Jener König war grauſam. Kannten Sie jenen Dichter? Hier iſt euer Meſſer; wo iſt das Meinige? Jener Jäger tötete dieſen Löwen. Jener Wagen iſt mein Eigentum.

Seine Zunge treibt (ميكُنَد) Spiel mit seinem Kopfe (Sprich=
wort). Mein Fuß ist lahm. Wer schrieb diesen Brief? Ist
diese Lampe teuer? Jene Uhr ist billig. Er ging in jenes
Kaffeehaus. Mein teurer Freund, sei verständig!

VIII. Lektion.

A. Regeln.

Die Komparation des Eigenschaftswortes.
Das rückbezügliche Fürwort.

1. Der Komparativ des persischen Eigenschaftswortes wird
gebildet durch Anhängung der Silbe تَر, der Superlativ durch
die Anhängung von تَرِين, z. B.

بَد schlecht; بَدتَر schlechter; بَدتَرِين schlechtest.

„als" nach einem Komparativ heißt اَز.

Bezüglich der Stellung merke man folgende 2 Mustersätze:

هِنْد گَرمتَر اَز اِنْگِلِسْتَان اَست

oder

هِنْد اَز اِنْگِلِسْتَان گَرمتَر اَست

Indien ist wärmer als England.

Die Endungen تَر und تَرِين können auch getrennt geschrieben
werden. Zu merken ist بِه = „gut" und „besser."

2. Das Reflexivpronomen der persischen Sprache ist خُود selbst.
Man merke خُودَم od. مَن خُود od. مَن خُودَم ich selbst.
خُودَت od. تُو خُودَت od. تُو خُود bu selbst.
u. f. w.

Im Genetiv dient خُود (gewöhnlich mit den eben erwähnten
Endungen) zum Ausdruck des besitzanzeigenden Fürwortes, wenn

ſich dasſelbe auf das Subjekt des Saßes zurückbezieht, d. h. dieſelbe Perſon bezeichnet z. B.

مَنْ كِتَابِ خُودَمْرَا گُمْ كَرْدَمْ

ich habe mein (eigenes) Buch verloren.

خُودُ (reſp. خُودْرَا) ſteht ferner an Stelle des Dativs und
Akkuſativs der perſönlichen Fürwörter (auch nach Präpoſitionen),
wenn ſich dieſelben auf das Subjekt des Saßes zurückbeziehen.

B. Wörter.

دَرْوِيشْ	der Bettelmönch	كَارْ	die Sache, die Arbeit
شَمْع*	das Licht	نَقَّاشْ*	der Maler
مَهْتَاب مَاهْتَاب }	der Mondſchein	دُرُوغْ	die Lüge
		رُوسْ	Rußland
وَفَا*	die Treue	سَگْ	der Hund
صِفَتْ*	die Eigenſchaft	جَانْوَرْ	das Tier
اَنْگُورْ	die Weintraube	نَقْشْ*	das Gemälde
دُشْمَنْ	der Feind	كَاسَه	die Schüſſel
عُذْر*	die Entſchuldigung	آشْ	die Suppe
گُنَاهْ	der Fehler, die Sünde	دَايَه	die Amme
فَارْسِى	das Perſiſche; perſiſch	رُوزْ	der Tag
عَرَبِى	das Arabiſche; arabiſch	رُوزِى	eines Tages
دَانِشْ	das Wiſſen; die Kenntniſſe	فِرُودْ آمَدَنْ	herabkommen, ab-
			ſteigen
گَنْج	der Schaß	غُلَامِ يَتِيمْ	der Waiſenknabe
چَشْم	das Auge	گُوسْفَنْد	das Schaf
دِيوَانَه	der Thor	قِطْعَه*	das Stück

زُودْ früh	هَرْگِزْ jemals	مَوْضِعْ* der Ort, die Stelle	نِیسْتْ ist nicht

مَوْضِعْ* der Ort, die Stelle   زُودْ früh

نِیسْتْ ist nicht   هَرْگِزْ jemals

شِیرِینْ süß   کَرِیمْ* edel, freigebig, hochherzig

بَازْ noch (beim Komparativ)   بَلَی ja (sprich báli)

نَادَانْ unklug   فِی الْحَالْ* (sprich fīʾlhāʾl) sofort

آسَانْ leicht

مُشْکِلْ schwer   پُخْتَنْ kochen

بَغَایَتْ außerordentlich   پِیشْ (mit dem Genetiv) vor

هُشْیَارْ klug, verständig   خُوشْ آمَدَنْ gefallen (eigent.: gelegen kommen)

آبَادْ bevölkert

مِهْرَبَانْ liebevoll, gütig, anhänglich   خُورْدَنْ (spr. chórdan) essen

بِیرُونْ hinaus

C. Übungen.

اِینْ مَرْدْ اَزْ بَدْ بَدْتَرْ اَسْتْ — خَانَهٔ دَرْوِیشْ رَا شَمْعِی
بِهْ اَزْ مَهْتَابْ نِیسْتْ (Sprichwort) — وَفَا بِهْتَرِینْ
صِفَتْهَاسْتْ — شِیرِینْتَرِینْ مِیوَهَا اَنْگُورْ اَسْتْ — پِدَرْ اَزْ
پِسَرْ جَاهِلْتَرْ بُودْ — پِدَرْ جَوَانْتَرْ اَزْ مَادَرَسْتْ — خَالِی مَنْ
بَازْ جَوَانْتَرْ اَسْتْ — دُشْمَنِ دَانَا بِهْ اَزْ نَادَانْ دُوسْتْ —
عُذْرِ شُمَا بَدْتَرْ اَزْ گُنَاهَسْتْ — فَارْسِی آسَانْتَرْ اَزْ عَرَبِی اَسْتْ —
زَبَانِ عَرَبِی بَغَایَتْ مُشْکِلْ اَسْتْ — دَانِشْ بِهْتَرِینْ گَنْجْهَا
اَسْتْ — آنْرَا بَچَشْمِ خُودْ دِیدَمْ — دِیوَانَهٔ بَکَارِ خُودْ هُشْیَارْ
اَسْتْ — مَا خُودِمَانْ اِینْرَا بَدُو دَادِیمْ — آنْ نَقَّاشْ خُودْرَا
کُشْتْ —

Die schlechteste der Sünden ist die Lüge. England ist be-
völkerter als Rußland. Der Hund ist das anhänglichste der Tiere.
Dies Gemälde ist viel besser als jenes; es ist außerordentlich
schön. Die Schüssel ist wärmer als die Suppe.[1] Die Amme
ist gütiger als die Mutter.[1] Seine Entschuldigung ist schlechter
als sein Fehler. Dieses Haus ist höher als jenes. Ich kam
früher als du. Ihr standet früher auf als wir. Diese weiße
Rose ist schöner als jene rote Rose. London ist größer als Paris.
Das Pferd ist größer als der Esel. Ich kannte ihn besser als
du. Der beste der Wege ist dieser. Sein Vater tötete sich (selbst).
Den Hatim (كاتم) frugen sie: sahst du jemals einen freigebigeren
als dich selbst? (an den Anfang des Fragesatzes ist كه zu stellen).
Er sprach: ja! Eines Tages stieg ich im Hause eines Waisen-
knaben ab und er hatte 10 Stück (سَرْ) Schafe (Singular). Sofort
schlachtete (tötete) er ein Schaf und kochte (es) und setzte es mir
vor (übersetze: und brachte (es) vor mich). Mir gefiel ein Stück
davon (von ihm), ich aß und sprach: „Fürwahr, das (dies) war
recht schön.“ Jener Bursche ging hinaus und schlachtete ein
Schaf nach dem andern (يكى يكى گوسفند) und kochte die eine
Stelle und setzte (sie) mir vor, und ich wußte nichts (ميج
نميدانستم).

IX. Lektion.

A. Regeln.

Das Perfektum, Plusquamperfektum und Futurum exaktum.

1. Perfektum, Plusquamperfektum und Futurum exaktum
des persischen Zeitwortes werden gebildet durch Verbindung von
Präsens bez. Präteritum und Aorist des Hilfszeitwortes بودن
„sein“ mit dem Partizipium der Vergangenheit. (Vgl. Lektion IV, 5).

---

[1] sprichwörtliche Redensart, die man gebraucht, wenn jemand sich mehr um
eine Sache kümmert als der, dem sie obliegt.

Perfettum.

كَرْدَه اَمْ ich habe gethan

كَرْدَه bu haft gethan (ſtatt كَرْدَه اِى)

كَرْدَه اَسْت er hat gethan

كَرْدَه اِيمْ wir haben gethan

كَرْدَه اِيدْ ihr habt gethan

كَرْدَه اَنْد ſie haben gethan.

Plusquamperfettum.

كَرْدَه بُودَمْ ich hatte gethan

كَرْدَه بُودِى bu hatteſt gethan

كَرْدَه بُودْ er hatte gethan

كَرْدَه بُودِيمْ wir hatten gethan

كَرْدَه بُودِيدْ ihr hattet gethan

كَرْدَه بُودَنْد ſie hatten gethan.

Futurum II.

كَرْدَه بَاشَمْ ich werde gethan haben

كَرْدَه بَاشِى bu wirſt gethan haben

كَرْدَه بَاشَدْ er wird gethan haben

كَرْدَه بَاشِيمْ wir werden gethan haben

كَرْدَه بَاشِيدْ ihr werdet gethan haben

كَرْدَه بَاشَنْد ſie werden gethan haben.

2. „Nicht" heißt نَه. Tritt die Verneinung zu einem Zeitwort, ſo wird ſie vor daſſelbe geſetzt und in der Schrift meiſt
mit ihm verbunden; in dieſem Falle fällt das ſchließende ه vor
anlautendem Konſonanten ab, z. B.

نَرَفْتَمْ ich ging nicht

نَرَفْتِى du gingst nicht

نَرَفْت er, sie, es ging nicht

نَرَفْتِيمْ wir gingen nicht

نَرَفْتِيد ihr gingt nicht

نَرَفْتَنْد sie gingen nicht.

Vor anlautendem Vokal verwandelt sich das schließende ه in ى, z. B.

نَيُفْتَاد „er fiel nicht“ statt نَه أُفْتَاد (das überflüssig gewordene Alif fällt weg).

Die negative Form von أَمْ „ich bin“ lautet immer folgendermaßen:

نِيسْتَمْ ich bin nicht   نِيسْتِيمْ wir sind nicht

نِيسْتِى du bist nicht   نِيسْتِيد ihr seid nicht

نِيسْت er ist nicht   نِيسْتَنْد sie sind nicht.

Zur Verneinung des Imperativ gebraucht man مَه statt نَه, welches nach denselben Regeln behandelt wird.

B. Wörter.

بَخْت das Glück

سَرْبُكَنْدِى der Stolz, der Hochmut

مَار die Schlange

سُؤَال* (sprich ssä'ä'l) die Frage

اَحْوَال*[1] das Befinden

لُطْف die Güte

اَز لُطْف شُمَا (— infolge Ihrer Güte) vielen Dank!

مُدَّت* der Zeitraum, die Weile

مَدِيد* lang, geraum

بِرَادَر der Bruder

مُلَاقَات die Begegnung

---

[1] eigentlich arabischer Plural von حَال der Zustand.

مُلَاقَات كَرْدَنْ (Begegnung ma-chen —) treffen

اَهْل die Leute

دَوْلَتْخَانَه eigentlich: die Macht-Familie, die Glücks-Familie; ein höflicher Ausdruck für: Ihre Familie

گِيلَاسْ die Kirsche

شَامْ das Mittagessen

فُرْصَتْ die Gelegenheit

فُرْصَتْ دَاشْتَنْ Zeit haben

مَانْدَنْ bleiben

هَمَه alle

كَزِيدَنْ beißen

زِيرَاكِه weil

فَهْمِيدَنْ verstehen

اِينْقَدَرْ so, so sehr (vor einem Eigenschaftswort)

وَاقِعْ شُدَنْ geschehen (eigentlich: geschehend werden)

كُوكْ كَرْدَنْ aufziehen (die Uhr)

دُرُسْت vollständig, in Ordnung, recht

دُرُسْت كَرْدَنْ zurecht machen

هَنُوزْ noch

C. Übungen.

آنْرَا بَچَشْمِ خُودْ دِيدَه اَمْ — بَخْت رَفْتَه وَسَرْكِلْنْدِى مَانْدَه اَسْت[1] — هَمَه رَا يَكْ مَازْ كَزِيدَه اَسْت[2] — پِيرُ شُدَه اَمْ — نَوْكَرْتُ مَرَا خَبَرْ دَادَه بُودْ — چَرَا جَوَابْ نَدَادَهْ — بَنْدَه جَوَابْ نَدَادَه اَمْ زِيرَاكِه سُؤَالِتَانْ رَا نَفَهْمِيدَه بُودَمْ — اَيَا شُمَا خَسْتَه شُدَه اِيدْ — مَا بِسْيَارْ خَسْتَه شُدَه اِيمْ — اَبْ سَرْد شُدَه اَسْت — كِه آمَدَه اَسْت — اُو بَتُو چِه كُفْتَه بُودْ — اِينْقَدَرْ بَدْ نِيسْت — اَحْوَالِ شُمَا چِه طَوْر

[1) sagt man von einem, der in seinem Hochmut beharrt trotz der Ver-schlechterung seiner Lage.

[2) d. h. sie sind alle gleich schlecht.

اَسْت – اَزْ لُطْفِ شُمَا خُوبَسْت – مُدَّتِى اَسْت مَدِيدْ
بَرَادَرِ شُمَا رَا مُلَاقَاتْ نَكَرْدَمْ اَحْوَالَشْ چِه طَوْرِ اَسْت –
اَحْوَالَشْ بَدْ نِيسْت – اَحْوَالِ اَهْلِ دَوْلَتْخَانَه چِه طَوْرِ
اَسْت – اَزْ لُطْفِ شُمَا خُوبْ اَسْت –

Wenn Sie Geduld gehabt (übersetze: gemacht) hätten (übersetze: hatten), wäre dies nicht geschehen (übersetze: geschah dies
nicht). Sie haben ihre Uhr nicht aufgezogen. Wenn ich (sie)
nicht aufgezogen hätte (übersetze: hatte), würden sie jetzt nicht
gehen (übersetze: ging sie jetzt nicht). Habt ihr Kirschen[1]) gekauft.
Nein, ihre[2]) Zeit ist vorbei (vergangen). Sie haben wohl (gut)
gethan! Es (übersetze: die Luft) ist dunkel geworden. Hast du
das Mittagessen zurecht gemacht? Ich hatte nicht Zeit gehabt.
Sie waren noch nicht vom Schlafe aufgestanden. Ich hatte seine
Wohnung nicht gewußt.

X. Lektion.

A. Regeln.

Der Stamm des Zeitwortes und seine Ableitungen.

1. Wie der verkürzte Infinitiv der Ausgangspunkt für die
Bildung der Tempora der Vergangenheit ist, so wird auch der
Stamm (vgl. Lektion IV, 2) der Bildung der Zeiten der Gegen-
wart zu Grunde gelegt.

2. Der Stamm wird gefunden durch Abtrennung der Infinitiv-
endung dan oder tan (vgl. Lektion IV, 1), z. B. كُشْتَنْ „töten,"
Stamm: كُشْ.

Die meisten Zeitwörter bilden den Stamm unregelmäßig, z. B.

---

[1]) Singular, vergleiche Lektion I, Anmerkung 1.

[2]) Singular.

		Stamm			Stamm
آفَرِيدَنْ	ſchaffen	آفَرِين	خَواسْتَنْ	wollen	خَواهْ
آمَدَنْ	kommen	آ und آی	خَرِيدَنْ	kaufen	خَرْ
آمُوخْتَنْ	lernen	آمُوز	دَادَنْ	geben	دِه
آمِيخْتَنْ	miſchen	آمِيز	دَاشْتَنْ	haben	دَار
اُفْتَادَنْ	fallen	اُفْت	دَانِسْتَنْ	wiſſen	دَانْ
أنْدَاخْتَنْ	werfen	أنْدَاز	دِيدَنْ	ſehen	بِين
اِيسْتَادَنْ	ſtehen	اِيسْت	رَسِيدَنْ	gelangen	رَسْ
بَارِيدَنْ	regnen	بَار	رَفْتَنْ	gehen	رَوْ
بُرْدَنْ	tragen	بَر	زَدَنْ	ſchlagen	زَنْ
بُرِيدَنْ	ſchneiden	بُر	فَهْمِيدَنْ	verſtehen	فَهْم
بَسْتَنْ	binden	بَنْد	فَرْمُودَنْ u. فَرْمَاىْ befehlen		فَرْمَا u. فَرْمَاىْ
پُرْسِيدَنْ	fragen	پُرْس	كَرْدَنْ	thun	كُنْ
تَرْسِيدَنْ	fürchten	تَرْس	كَشِيدَنْ	ziehen	كَشْ
جُسْتَنْ	ſuchen	جُو u. جُوىْ	گُفْتَنْ	ſagen	گُو und گُوىْ
خَوَابِيدَنْ	ſchlafen	خَواب	يَافْتَنْ	finden	يَابْ

3. Bom Stamme wird durch Anhängung der Perſonal-
endungen (vergl. Lektion IV, 3) der Aoriſt abgeleitet.

Bemerkung: in den vom Stamme abgeleiteten
Formen hat die dritte Perſon der Einzahl, die ſonſt
ohne Endung erſcheint, die Endung ad (دْ).

Aoriſt.

Stamm: كُش „töten“ كُشْتَنْ

كُشَمْ	ich töte	كُشِيمْ	wir töten
كُشِى	du töteſt	كُشِيدْ	ihr tötet
كُشَدْ	er tötet	كُشَنْدْ	ſie töten

Bemerkungen.

a) Dem Aorist kann auch بِ präfigirt werden, um demselben die Bedeutung eines Futurums zu geben, oder um seine Bedeutung auf einen bestimmten Fall zu beschränken; oft aber auch erleidet der Sinn durch das Präfix بِ keine Veränderung.

b) Die auf einen langen Vokal endigenden Stämme fügen die Personalendungen an den Nebenstamm auf ی, z. B. فَرْمَایْ, Stamm فَرْمَا und فَرْمُودَنْ, bildet فَرْمَایَنْد, فَرْمَایِیدْ, فَرْمَایِیمْ, فَرْمَایَدْ, فَرْمَایِی.

4. Durch Vorsetzung von مِی oder هَمِی bildet man aus dem Aorist das Präsens: مِیکُشَمْ, مِیکُشِی, مِیکُشَدْ, مِیکُشِیمْ, مِیکُشِیدْ, مِیکُشَنْد.

5. Der unveränderte Stamm dient zugleich als Befehlsform; in diesem Falle wird ihm meist بِ präfigirt z. B.

كُشْ oder بِكُشْ töte!

Für die übrigen Personen der Befehlsform tritt der Aorist ein, z. B. كُشَدْ er soll töten, بِكُشِیدْ tötet u. s. w.

6. Vom Stamme wird endlich das Partizipium der Gegenwart gebildet und zwar durch Anhängung von نْدَه (ـَان) oder (ـَا), z. B. كُشَا (كُشَانْ) oder كُشَنْدَه „tötend".

B. Wörter.

آوَاز بَانْگْ } die Stimme, der Schall	بُزْ die Ziege
آرْد das Mehl	بُزَكْ das Zicklein
آهَنْ das Eisen	بَهَارْ der Frühling
سُودْ der Gewinn, der Nutzen, der Vorteil	خُدَا Gott
	شَاخْ das Horn

Persisch.   4

مُرْغ der Vogel; die Henne

تُخْم das Ei

خُرُوس der Hahn

شُتُرْمُرْغ der (Vogel) Strauß (eig. Kameelvogel)

بَار die Laft, die Bürde

سَنْگ der Stein

غَم* der Kummer

دِل das Herz

بِرَادَر der Bruder

بَرْف der Schnee

عَدَم* der Mangel

مَشْوَرَت* der Rat

قَوْم* das Volk

بِسْيَارِى die Menge

مُشِيرْ* der Ratgeber

سَلَامَت* die Sicherheit, der Friede, die Wohlfahrt

حَرْف* der Buchstabe

دِيوَار die Mauer, die Wand

دَسْت die Hand

حِكْمَت* die Weisheit

نَمَكْدَان das Salzfaß

فِتْنَه* die Versuchung

عَيْب* der Fehler

خَاطِر der Geist, das Gedächtnis

شِنَوْ شَنِيدَن hören (Stamm

كُوب كُوفْتَن fchlagen (Stamm

مِيرْ مُرْدَن fterben (Stamm

گُذَاشْتَن ftellen, legen, fetzen (Stamm گُذَار)

بَانْگ گُفْتَن krähen

بَرْدَاشْتَن aufheben, tragen (Stamm بَرْدَار)

يَرْ پَرِيدَن fliegen (Stamm

شِكَسْتَن zerbrechen (Stamm شِكَن)

پَسَنْدِيدَن gern haben (St. پَسَنْد)

حَرْف زَدَن fprechen

شِنَاس شِنَاخْتَن kennen (St.

شُو شُسْتَن wafchen (Stamm

خَاطِرَم مِى آيَد ich erinnere mich (— es kommt mir in den Sinn)

كِه wer? daß; denn; als

عَاقِبَت das Ende; endlich

چُو چُون wenn (zeitlich), als

بَه بَا mit; (mitunter fteht es ftatt als Zeichen des Dativs)

آمادَه bereit

حالا jetzt

اَمّا aber

اَندَكی ein wenig

تا bis; als; damit

اِسمًا (spr. ismän) dem Namen nach

خیر nein

تِشنَه durstig

بیدار wach

C. Übungen.

آوازِ آسِیَا می شِنَوَم وَ آرد نَمی بینَم (Sprichwort) — آهَنِ
سَرد كوفتَن سود نَدِهَد — بَزَک مَمیز كه بَهار می آیَد[1] —
خُدا میدانَد كه خَرزا شاخ نَمیدِهَد — اَكثَر مُرغی
اِی) تُخم بِگُذارَد وَاَكثَر خُروسی بانگ بِگو[2] — عاقِبَت جویَندَه
یابَندَه بود — شُتُرمُرغ را گُفتَند بار بَردار گُفت مَن مُرغَم
گُفتَند بِپَر گُفت مَن شُتُرَم — سَنگ را سَنگ می شِكَنَد —
گُفتَه بودَم چو بِیایی غَم دِل با تو بِگویَم چه بِگویَم كه غَم
اَز دِل بِرَوَد چون بِیایی تو بِیایی[3] — وَقتیكه اَسب آمادَه اَست
شُما مَرا خَبَر كُنید — حالا فُرصَت نَدارِیم — بِرادَرِ تُرا
بِپُرس — بَرف می آیَد — كُجا بِرَوید — اِین اَسپ
خوشَم نَمی آیَد — اَز عَدَمِ مَشوَرَت قَوم می اُفتَد اَمّا اَز
بِسیاریِ مُشیران سَلامَت اَست — مَن اِینرا خَیلی

---

[1] sagt man, wenn jemand auf die Zukunft vertröstet.
[2] = Schuster, bleib bei deinen Leisten!
[3] von Saadi.

مِيبِسَنْدَمْ — آيَا فَارْسِى حَرْفْ مِيزَنِيدْ — اَلْدَكِى حَرْفْ
مِيزَنَمْ — بَنْدَه فَارْسِى رَا بِهْتَرْ مِيفَهْمَمْ تَا حَرْفْ زَدَنْ —
سَاعَتِتَانْ رَا كُوكْ كُنِيدْ —

Kennen Sie jenen Mann? Ja, ich kenne ihn dem Namen
nach. Nein, ich kenne ihn nicht. Sprechen Sie arabisch? Ich
verstehe (دَانِسْتَنْ) die arabische Sprache nicht. Sprich persisch!
Mach das Mittagessen zurecht. Verstehen Sie, was (آنْچِه) ich
sage? Jetzt haben wir nicht Zeit. Habet (machet) Geduld, bis
(تَا) ich komme. Er trägt (perf. wirft) Wasser ins Meer (Präs.).
Der Durstige sieht Wasser im Traum (Präs.). Auch Wände (sing).
haben Ohren (sing.) (Aorist). Eine Hand wäscht die andere (übers.
die Hand wäscht die Hand). Aus dem Herzen geht, was
(هَرْآنْچِه) aus den Augen ging. Er lehrt den Lokman [1]) Weis=
heit (= das Ei will klüger sein als die Henne). Er ißt Salz
und zerbricht das Salzfaß (d. h. er ist undankbar). Die Ver=
suchung ist im Schlaf, mach sie nicht wach. Seinen (eigenen)
Fehler sieht man (كَسِى) nicht. Jetzt erinnere ich mich, daß ich
ihn gestern getroffen habe.

XI. Lektion.

A. Regeln.

Die phraseologischen Zeitwörter und das
Futurum I.

Das Persische ist nicht sehr reich an Zeitwörtern. Um
diesem Mangel abzuhelfen, bedient man sich einer Anzahl
häufiger persischer Zeitwörter in der Bedeutung „werden, machen"
u. s. w. und verbindet dieselben mit Substantiven, Partizipien

---

[1]) ein alter Weiser: لُقْمَانْ.

ober Adjektiven zu einer Art loser Zusammenſetzungen mit der Bedeutung eines einfachen Zeitwortes. Beſonders häufig werden Verbalſubſtantive und Partizipien arabiſchen Urſprungs zur Bildung ſolcher Zuſammenſetzungen verwandt. So bildet man aus اِقَامَتْ „der Aufenthalt“ und كَرْدَنْ „machen“ die Phraſe: اِقَامَتْ كَرْدَنْ (eig. Aufenthalt machen) ſich aufhalten.

Die beiden Zeitwörter, welche die meiſten ſolcher Zuſammenſtellungen bilden, ſind شُدَنْ und كَرْدَنْ.

Das erſtere kann auch vertreten werden durch فَرْمُودَنْ, سَاخْتَنْ, كَرْدَانِيدَنْ, دَاشْتَنْ, نِمُودَنْ, welche dann in der Bedeutung „machen“ ſtehen.

شُدَنْ kann vertreten werden durch: كَرْدِيدَنْ und گَشْتَنْ

Seltener ſind die Verbindungen mit زَدَنْ (ſchlagen), آوْرَدَنْ (bringen), كَشِيدَنْ (ziehen), خَوْرَدَنْ (eſſen), يَافْتَنْ (finden) u. ſ. w.

Wir verzeichnen nachſtehend eine Anzahl häufiger Phraſen, welche mit كَرْدَنْ und شُدَنْ, ſowie deren Stellvertretern gebildet ſind.

آغَازْ	Anfang	كَرْدَنْ	anfangen
اِسْتِعْمَالْ	Anwendung	„	anwenden
بَاوَرْ	Glaube	„	glauben
بَكْخْش	Das Schenken	„	ſchenken
بُغْض	der Haß	„	haſſen
بَيَانْ	Erklärung	„	erklären
تَأَمُّلْ	Nachdenken	„	erwägen
تَحْقِيرْ	Verachtung	„	verachten
تَرْك	Unterlaſſen	„	unterlaſſen

تَكْذِيب	das Dementi	كَرْدَنْ	Lügen strafen
تَكْيَه	das sich-stützen	„	sich stützen auf
ثَابِت	feststehend	„	bestätigen, begründen
جَمْع	Versammlung	„	versammeln
خَرَاب	verwüstet	„	verwüsten
رَوَايَت	Überlieferung	„	überliefern
شِكَايَت	Klage	„	sich beklagen ·
صَبْر	Geduld	„	geduldig sein
طَاعَت	Gehorsam	„	gehorchen
عِتَاب	Verweis	„	tadeln
عَفْو	Verzeihung	„	verzeihen
عِلَاج	die Kur	„	kuriren
غَلَط	Irrtum	„	sich irren
فَتْح	Eroberung	„	erobern
فَرْمَان	Befehl	„	anordnen
قَبُول	das Annehmen	„	annehmen
قِسْمَت	Einteilung	„	teilen
كُفْتُكُو	Hin- und Herreden	„	diskutieren
كُم	verloren	„	verlieren
مَذَمَّت	Tadel	„	tadeln
مُطَالَعَه	das Einsicht-Nehmen	„	hineinblicken
نَصِيحَت	guter Rat	„	ermahnen, erraten

und viele andere.

بِيدَارْ	wach	شُدَنْ	erwachen
پُرْ	voll	„	sich füllen

پَشِيمَان	reuig	شُدَنْ	bereuen (mit اَزْ)
پَيْدَا	offenkundig	„	sich zeigen, erscheinen
جَمْع	Versammlung	„	sich versammeln
خَامُوش	still	„	schweigen
خُشك	trocken, dürr	„	verdorren
رَهَا	frei	„	frei werden (اَز)
سُوَار	der Reiter	„	reiten
گُم	verloren	„	verloren gehen
ظَاهِر	offenbar	„	sich zeigen
وَاقِع	vorfallen	„	sich ereignen
مَأْمُور	beauftragt	„	beauftragt werden
مَبْغُوض	gehaßt	„	gehaßt werden
مَحْسُود	beneidet	„	beneidet werden
مَسْرُور	erfreut	„	sich freuen
مَشْغُول	beschäftigt	„	sich abgeben mit
مَغْبُول	beliebt	„	beliebt sein
مُحَقَّر	verachtet	„	verachtet werden
مُتَحَيِّر	erstaunt	„	erstaunen, sich ver= wundern
مُحْتَرَم	geehrt	„	in Ansehn stehen
خَرَاب	öde, wüst	„	verwüstet werden

u. a. m.

اِسْتِيلَا	der Sieg	يَافْتَنْ	siegen
اِمْتِدَاد	die Verlängerung	„	sich in die Länge ziehn
رَهَا	die Befreiung	„	frei werden
مَحْبُوبَت	die Strafe	„	bestraft werden
شِفَا	die Heilung	„	geheilt werden.

Das Futurum des perſiſchen Zeitwortes wird gebildet durch Verbindung des Aoriſts von خواستن‎ (Stamm خواه‎) „wollen" mit dem verkürzten Infinitiv, z. B.

خواهَم کَرد‎ ich werde thun

خواهِی کُشت‎ du wirſt töten u. ſ. ſ.

Außerdem dient der Aoriſt mit dem Präfix بـ oft zum Ausdruck des Futurums.

B. Wörter.

لَفظ‎* das Wort

سَادَه‌دِل‎ einfältig, albern

خِرَدمَند‎ klug

اِنْشَا اللّٰه‎* wenn Gott will, hoffentlich

مَرَض‎* die Krankheit

نَزد‎ zu, bei (mit dem Genetiv)

قَاضِی‎* der Richter

فَردَا‎ morgen

بَاهَم‎ zuſammen

اِسم عَدَد‎* das Zahlwort

مُفرَده‎* in der Einzahl ſtehend

بِی‎ ohne

شَكّ‎* der Zweifel

شَب‎ die Nacht

کَرده‎ die That

شَخص‎* eine Perſon, Jemand

طَبِیب‎* der Arzt

چه‎ was für ein?

چَند‎ einige (mit der Einzahl verbunden)

مُو‎ das Haar

نَه — نَه‎ weder — noch

مَانِستَن‎ gleichen, gleich ſein (Stamm مَان‎)

آدَمِی‎*
عَالَمِی‎* } der Menſch

غِذَا‎ die Mahlzeit, Speiſe

لُطف فَرمُودَن‎ die Güte haben

وَعَده‎* das Verſprechen

فَرَامُوش کَردَن‎ vergeſſen (mit از‎ verbunden)

بَاب‎* das Thema, der Punkt (über den man ſpricht)

پُول‎ das Geld

— 57 —

C. Übungen.

آنْ لَفْظْ رَا اِسْتِعْمَالْ نَمِيكُنَنْد — سَادَهْدِلْ هَرْ حَرْفِى
رَا بَاوَرْ مِيكُنَنْد اَمَّا خِرَدْمَنْد رَاهِ خُودْرَا تَأَمُّلْ مِيكُنَنْد — آبْ
اَزْ دَرْيَا بَتَخْشِ مِيكُنَنْد (Sprichwort) — بَنْدَه مِيتَرْسَمْ مَرَا
تَكْذِيبْ كُنَنْد — شُمَا تَكْذِيبْ خَواهَدْ كَرْد — اِنْشَا اَللّٰه
زُودْ اَزْ اِينْ مَرَضْ شِفَا خَواهِيدْ يَافْت — اُو نَزْدِ قَاضِى رَفْتَه
اَزْ شُمَا شِكَايَتْ خَواهَدْ كَرْد — فَرْدَا بَاهَمْ سَوَارْ خَواهِيمْ
شُدْ — آنْرَا قَبُولْ نَخَواهَمْ كَرْد — پِدَرْ وَمَادَرْ مَذَمَّتْ خَواهَنْد
كَرْدَتْ — دَرْ زَبَانِ فَارْسِى اِسْمِ عَدَدْرَا هَمِيشَه بَا لَفْظِ مُفْرَدْ
اِسْتِعْمَالْ مِيكُنَنْد — اَزْ آنْ چِرَا تَعَجُّبْ بِكُنِى — شُمَا
بِى شَكْ حَالَا غَلَطْ مِيكُنِيدْ — مَنْ دِيشَبْ دُو سِه سَاعَتْ
اَزْ نِصْفِ شَبْ گُذَشْتَه بِيدَارْ شُدَمْ وَخَيْلِى سَرْدَمْ بُودْ —

Der Sultan bereute seine That. Jemand, zu einem Arzte gegangen (seiend), sprach: ich habe einen Schmerz, kurire denselben (آنْ). Der Arzt frug: was für einen Schmerz hast du? Er sprach: es ist schon einige Tage (Singular) her (es ist schon her — شُدْ), daß mein Haar schmerzt (دَرْد كَرْدَنْ). Der Arzt sagte verwundert: Was hast du heute gegessen? Er sprach: Brod und Eis. Der Arzt sprach. Gott sei Dank! Weder dein Schmerz gleicht dem Schmerze der Menschenkinder, noch deine Mahlzeit der Mahlzeit der Erdenbewohner. Bitte, (übersetze: belieben Sie Freundlichkeit und) erklären Sie mir dies. Ich habe mein Versprechen nicht vergessen. Wo haben Sie Ihre Uhr verloren? Wir werden morgen über (دَرْ) diesen Punkt diskutiren. Werden Sie mich tadeln? Er wird Ihnen morgen das Geld geben. Ich werde mein Versprechen nicht vergessen.

XII. Lektion.

A. Regeln.

Die Zahlwörter (perf. اِسْمِ عَدَد).

1. Die perfischen Kardinalzahlen find:

یَک	eins	یَازْدَه	elf	سِی	dreißig
دُو	zwei (sp. dü)	دَوَازْدَه	zwölf	چِهِل	vierzig
سِه	drei	سِیزْدَه	dreizehn	پَنْجَاه	fünfzig
چَهَار ,چَار	vier	چَهَارْدَه	vierzehn	شَسْت	sechzig
پَنْج	fünf	پَانْزْدَه	fünfzehn	هَفْتَاد	siebzig
شَش	sechs	شَانْزْدَه	sechzehn	هَشْتَاد	achtzig
هَفْت	sieben	هَفْدَه	siebzehn	نَوَد	neunzig
هَشْت	acht	هَشْدَه	achtzehn	صَد	hundert
نُه	neun	نُوزْدَه	neunzehn	هَزَار	tausend
دَه	zehn	بِیسْت	zwanzig		

Die Verbindung der Zehner mit den Einern wird durch و (u) „und" bewirkt und zwar stehen die Zehner voran, z. B.

21. بِیسْت و یَک

22. بِیسْت و دُو

23. بِیسْت و سِه u. f. f.

Bei der Bildung der Hunderter sind einige Besonderheiten zu merken:

200. { دُویسْت \ دُوصَد

300. سِیصَد

400. چَارصَد, چَهَارصَد

500.	پانصَد	900.	نُهصَد
600.	شَشصَد	10000.	تُومَان ,بيوَر
700.	هَفت صَد ,هَفصَد	100000.	لَك
800.	هَشت صَد ,هَشصَد	500000.	كُرُور

Nach den Kardinalzahlen steht das Hauptwort stets in der Einzahl.

Viele Wörter werden gewöhnlich nicht unmittelbar mit den Zahlwörtern verbunden, sondern vermittels gewisser klassifizierender Hauptwörter, zu denen das multiplizierte Hauptwort in Apposition steht. Wir haben im Deutschen dasselbe in Verbindungen wie: zwei Bund Stroh, sechs Mann Soldaten, 4 Stück Schafe u. s. f.

Solche Klassenwörter sind:

تا „Stück" das gewöhnlichste und von allgemeinster Bedeutung.

قِطعَه „Stück," für Sachen.

عَدَد (eig. Zahl) für Dinge, insbesondere für Münzen.

نَفَرْ „Person, Mann," für Menschen (und Kamele).

رَأس (eig. Kopf) für vierfüßige Tiere.

زَوج (eig. Paar) für Ochsen, Ohrgehänge u. s. w.

قِلَادَه (eig. Halsband) für Hunde.

دَست (eig. Hand) für Falken.

دَستَه für Papier (ein Buch), Tassen u. s. f.

تُوپ „Stück," für Stoffe.

قَبضَه (eig. Griff), für Messer, Degen c.

فَروَند (eig. Segel), für Schiffe.

دَانَه (eig. Korn), für Perlen und kleine Tiere.

طُغرَا (eig. Siegel), für Schriftstücke.

u. s. f.

2. Die Ordnungszahlen werden aus den Grundzahlen gebildet durch Anhängung der Silbe um:

يَكُمْ	der erste	نُهُمْ	der neunte
دُوُمْ	der zweite	دَهُمْ	der zehnte
سِوُمْ	der dritte	يَازْدَهُمْ	der elfte
چَهَارُمْ	der vierte	بِيسْتُمْ	der zwanzigste
پَنْجُمْ	der fünfte	بِيسْت و يَكُمْ	der einund- zwanzigste
شَشُمْ	der sechste	سِيُمْ	der dreißigste
هَفْتُمْ	der siebente	صَدُمْ	der hundertste
هَشْتُمْ	der achte	u. s. f.	

Bemerkungen.

1. Statt يَكُمْ gebraucht man meist das arabische اَوَّل, اَوَّلِينْ oder auch نُخُسْت und نُخُسْتِينْ.

2. Die Schreibung wechselt bei einigen Zahlwörtern; so schreibt man auch دُيُمْ statt دُوُمْ, سِيُمْ für سِوُمْ u. s. f.

3. Die hier nicht besonders aufgeführten Ordnungszahlen werden ganz regelmäßig gebildet.

3. Die Bruchzahlen.

Brüche können auf doppelte Weise bezeichnet werden

a. indem man auf die Zahl, welche den Nenner des Bruches bezeichnet, den Zähler ohne Weiteres folgen läßt, z. B. سِه يَكْ = $\frac{1}{3}$. — سِه دُو = $\frac{2}{3}$ u. s. f. statt يَكْ sagt man gern يَكِى (mit ى der Einheit).

b. Indem man den Zähler voranstellt und den Nenner mit اَزْ folgen läßt, z. B.

دُو اَز سِه (2 von 3) = ⅔

یَکی اَز پَنج (1 von 5) = ⅕

ein „Halb" heißt نِیم; ein „Viertel" چِیرَک (statt چِهارْیَک)

oder* رُبع.

Man merke noch:

پَنج چُندان fünf mal soviel

پَنْجَان (Plur. von پَنج) je fünf

B. Wörter.

بِینی die Nase

تُرُش sauer

رُو das Gesicht

بَرَای (mit Genetiv) für

دَفع* das Zurückweisen

مِهمان der Gast

ضَرُور داشتَن nötig haben

بَار \ das Mal
دَفعَه* /

سِنّ* das Alter, (welch. man hat)

نَبض* der Puls

دَقِیقَه* die Minute

بَازَار der Markt

تَابِستان \ der Sommer
فَصلِ تَابِستان /

فَصل* die Jahreszeit

زَمِستان \ der Winter
فَصلِ زَمِستان /

طُول* die Länge

طُول کَشِیدَن sich in die Länge ziehen, dauern

اُولَاد* die Kinder (arab. Plural von وَلَد)

دُختَر die Tochter

شَهر* \ der Monat
مَاه /

هَفتَه die Woche

کَم wenig

بِسیَار viel

بَسْ genug   لَازِمْ nötig

چَنْد wieviel?   گَاهِى mitunter, manchmal

أَقَلّاً wenigstens (ſpr. äkällän)   (رَسْ) رَسِيدَنْ ankommen (St.

C. Übungen.

بِيَكْ بِينِى وَدُو كُوشْ آمَدْ¹) — هَزَارْ دُوسْت كَمْ اَسْت
وِيَكْ دُشْمَنْ بِسْيَارْ اَسْت — يَكْ تُرُشْرُوِى بَرَاِى دَفْع
صَدْ مَهْمَانْ بَسْ اَسْت — سَاعَتْ چَنْدَسْت — ظُهْر
اَسْت يَكْ رُبْع كَمْ — سَاعَتْ دُوزَا زَدْ — چِه وَقْت سَوَارْ
شَوِيمْ — سِه سَاعَتْ بَعْد اَزْ ظُهْر — چَنْد اَسْپ ضَرُورْ
دَارِيدْ — مَا اَقَلّاً پَنْج اَسْپ ضَرُورْ دَارِيمْ — بَنْدَه شُشْ
تَا كَاغِذْ نَوِشْته اَمْ — شُمَا چَنْد بَارْ مُلَاقَاتَشْ كَرْدَه اِيدْ —
مَنْ اُورَا دُو سِه دَفْعه دَرْ قَهْوَهْخَانَه مُلَاقَاتْ كَرْدَمْ — سِنِ
شُمَا چِيسْت — چَنْد سَالْ دَارِيدْ — بِيسْت سَالْ —
بِرَادَرِ شُمَا چِه سِن دَارَدْ — سِنَّشْ اَز مَنْ كَمْتَرْ اَسْت
هَژْدَه سَالْ دَارَدْ

Mein Diener iſt krank; ſein Puls iſt ſtark, in der Minute
ſchlägt er hundert Schläge (قَرْصَه). Iſt der Markt weit von hier?
Nein, er iſt zwei Schritte von hier. Wieviel Zeit iſt nötig zum
(رَزْ) (رَسِيدَنْ) Gelangen (طَهْرَانْ) eines Briefes von Teheran
nach (بَه) Paris? Im Sommer dauert es einen Monat, im
Winter vierzig und mitunter 45 Tage, bis der Brief ankommt.

---

¹) Sprichwort mit der Bedeutung: Er iſt wieder gekommen, wie er aus=
gegangen war.

Hat der Sultan Kinder? Er hat 3 Söhne und 2 Töchter. Wann werden Sie kommen? Zwei Stunden vor Mittag. Eine Stunde hat sechzig Minuten. Ein Jahr hat 12 Monate. Welches (چه) ist der zwölfte Monat des Jahres. Der erste Monat des Jahres ist der Januar [1]. Mein Bruder ist 25 Jahr alt (übers. hat 25 Jahre). Ich habe 8 Stück Rinder gekauft. Welches ist der sechste Tag der Woche?

XIII. Lektion.

A. Regeln.

Die fragenden und relativen Fürwörter.

1. Die fragenden Fürwörter sind كِه, كِي wer?, چه was?, und كُدَامِين und كُدَام welcher? كه wird folgendermaßen deklinirt:

Nom.	كه	oder	كِى	wer?
Gen.	ـكه	oder	ـكِى	wessen?
Dat.	كِرَا	oder	كِيرَا	wem?
Akkus.	كِرَا	oder	كِيرَا	wen?

Durch Verbindung mit dem Präsens das Hilfszeitwortes بُودَنْ entstehen folgende Formen:

مَنْ كِيَمْ wer bin ich?

تُو كِيِى wer bist du?

أُو كِيسْت wer ist er?

مَا كِيِيم wer sind wir?

شُمَا كِيِيد wer seid ihr?

إِيشَانْ كِينُد wer sind sie?

---

[1] .كَانُونُ ٱلثَّانِى

ebenſo wird كه mit dem Verbum هَسْتَم, هَسْتِى, هَسْت,
(هَسْتِيم, هَسْتِيد, هَسْتَنْد), welches dieſelbe Bedeutung hat,
wie اَم, zuſammengezogen zu den Formen

كِيسْتَم wer bin ich?

كِيسْتِى wer biſt du?

كِيسْت wer iſt er?

كِيسْتِيم wer ſind wir?

كِيسْتِيد wer ſeib ihr?

كِيسْتَنْد wer ſind ſie?

Was? heißt چِه, es bleibt im Akkuſ. unverändert; die
Dativform چِرا bedeutet: wozu? warum? warum nicht?

Vor einem Hauptworte mit dem Je der Einheit (vergl.
Lektion I) heißt چِه was für ein? z. B. چِه كِتَابِى was für
ein Buch. Statt des einfachen چِه gebraucht man in dieſer
Bedeutung auch:

چِه نَوْع, چِه طَوْر, چِه گُونَه, چِه سَان, چِه قِسْم

Die Fürwörter كُدَام يَكْ und كُدَامِين (auch كُدَامِى كُدَام يَكِى)
heißen: welcher? wer? (unter mehreren);
ſie werden ſubſtantiviſch und abjektiviſch gebraucht.

2. Die perſiſchen Relativpronomina ſind كِه, welches, welche,
welches, und چِه was.

derjenige welcher: آنْ كَسْ كِه, آنْ كِه

diejenigen welche: آنْهَا كِه

das, was: آنْچِه

Bezieht ſich كِه auf ein Hauptwort, welches weder durch
آنْ noch durch ein beſitzanzeigendes Fürwort näher beſtimmt iſt,
ſo wird dem Hauptwort ein langes unbetontes î (geſchrieben ـى)
angehängt, z. B.

مَرْدِى كِه der Mann, welcher

Dativ und Akkusativ von كِه heißt كِرَا; in der Regel bleibt كِه indeß unverändert und es wird durch Einfügung eines entsprechenden Personalpronomens die grammatische Stellung des bezüglichen Fürwortes gekennzeichnet. Die folgenden Beispiele zeigen die am häufigsten vorkommenden Fälle:

مَرْدِى كِه آمَد / مَرْدِى كِه أُو آمَد (كُو)[1]	der Mann, welcher kam.	مَرْدِى كِه بِرَادَرِ أُورَا كُشْتَنْد بِرَادَرِش رَا — der Mann, dessen Bruder man tötete.
بِرَادَرِش رَفْت / بِرَادَرِ أُو رَفْت / بِرَادَرِ آن رَفْت — der Mann, dessen Bruder wegging.		مَرْدِى كِرَا (كِشْ)[2] / مَرْدِى كِه أُورَا / مَرْدِى كِه كُفْتَمَش كُفْتَم — der Mann, dem ich sagte.
كِبِرَادَرَش / بِرَادَرَش رَا / كِبِرَادَرِ أُو (آن) / بِرَادَرِ أُورَا (آنرَا) كُفْتَم — der Mann, dessen Bruder ich sagte.		مَرْدِى كِرَاه كُشْتَنْد مَرْدِى كِه / مَرْدِى كِه كُشْتَنْدَش — der M., welchen sie töteten.

مَرْدِى كِه دَرْ دِلَشْ — der Mann, in dessen Herzen

تُو كِه بِتُو / تُرَا / تُو كِت كُفْتَم كُفْتَم — du, dem ich sagte

---

[1]) zusammengezogen aus كِه أُو

[2]) zusammengezogen aus كِه أَشْ

[3]) oder بَدَانْ oder بُاو

[4]) oder كِشْ oder كِه أُورَا

مَنْ كِه دِيدَنْدَم
مَنْ كِه مَرَا دِيدَنْد } ich, ben man gesehen hat.

B. Wörter.

فَرَنگ die Europäer	وَعْدَه das Versprechen
اَبْلَه der Thor	حِكْمَت die Weisheit
شَمْع das Licht, die Kerze	خَيَّاط der Schneider
كَافُور der Kampfer	نِيكُو gut
رُوغَن das Öl	پَاك rein
حِسَاب die Rechnung	پَيْدَا offenbar
مُحَاسَبَه die Abrechnung	مَشْهُور berühmt
بَاك die Furcht (gewöhnlich statt dessen: تَرْس — خَوْف)	خَواسْتَن (St. خَواه) verlangen, wollen
بَهَار der Frühling	نِهَادَن setzen, legen, stellen (Stamm نِه)
بَاد der Wind	
آئِينَه der Spiegel	كِرَايَت كَرْدَن mieten
خِشْت der Ziegelstein	هَرْچِه Alles, was; was auch immer
قَبَا der Rock	
بُرِش der Schnitt (eines Kleidungsstückes)	كَس die Person
رَنگ die Farbe	هَرْكِه Jeder, der

C. Übungen.

اِيشَان اَز مَا چِه مِيخَواهَنْد — تُو اَز كِه اِينْ اَسْپ رَا خَرِيدِى — كُدَام اَز بِرَادَرَانَتْ رَا زَدَه اَسْت — اَز شَهْرهَائِى

فَرَنْگْ كُدَامْ مُزْدُوْخَتَرَسْت — كُدَامْيَكْ اَزْ اِينْ كِتَابْهَا كِتَابِ
تُسْت — اَبْلَهِى كُو رُوزِ رُوشَنْ شَمْعِ كَافُورِى نِهَدْ
زُودْ بَاشَدْ كَشْ بَشَبْ رُوغَنْ نَبَاشَدْ دَرْ چِرَاغْ —
آنْرَا كِه حِسَابَشْ پَاكْ اَسْت اَزْ مُحَاسَبَه چِه بَاكْ اَسْت
(Sprichwort) — سَالِى كِه نِيكُو اَسْت اَزْ بَهَارَشْ پَيْدَا اَسْت
(Sprichwort) — هَرْچِه بَادْ آرَدْ بَادْ بِبَرَدْ[1] — آنْچِه جَوَانْ
دَرْ آئِينَه بِينَدْ پِيرْ دَرْ خِشْت بِينَدْ — اِبْنِ خَانَهٔ كِيسْت —
كَسِى كِه عَاقِلْ بَاشَدْ آنْرَا نَخْوَاهَدْ كَرْدْ — پِدَرِ اُو كِه
خُودَشْ رَا كُشْتَه اَسْت نَقَّاشِ مَشْهُورْ بُودْ —

Wer war der Mann, welcher deine Pferde kaufte? Was
verlangtest du von seinem Bruder? Das Haus, welches mein
Bruder für mich gemietet hat, gefällt mir nicht. Das Wasser,
welches der Diener gebracht hat, ist nicht warm. Der Mann,
dessen Bruder ich gestern traf, ist ein berühmter Arzt. Dieser
Rock, dessen Schnitt und Farbe mir sehr gefällt, ist äußerst billig.
Sie haben das Versprechen nicht vergessen, welches Sie[2] uns
gegeben haben. Was hat er Ihnen gesagt? Wie heißt er (übersetze: Was ist sein Name?)? Jeder, der nicht Geduld hat (übersetze: dem nicht Geduld ist), hat keine Weisheit. Welche Uhr haben
Sie aufgezogen? Welchen Rock hat der Schneider gebracht?

XIV. Lektion.

A. Regeln.

Das Passiv des Verbums und der verkürzte Infinitiv.

1. Das Passivum des persischen Zeitwortes, welches im ganzen
wenig gebraucht wird, wird mit dem regelmäßig konjugierten

---

[1] = wie gewonnen, so zerronnen.
[2] Die deutsche Höflichkeitsanrede „Sie" ist im Persischen immer durch „Ihr"
wiederzugeben.

Hülfszeitwort شُدَنْ (Stamm شُوْ) gebildet, indem man die einzelnen Zeiten dieses Verbums mit dem Partizipium der Vergangenheit verbindet, z. B.

Danach lauten die Zeiten des Passivs z. B. von پُرْسِيدَنْ, wie folgt:

1. Präsens.

پُرْسِيدَه مِيشَوَمْ ich werde gefragt

u. s. w.

2. Präteritum.

پُرْسِيدَه شُدَمْ ich wurde gefragt

u. s. w.

3. Imperfektum.

پُرْسِيدَه مِيشُدَمْ ich wurde gefragt

u. s. w.

4. Perfektum.

پُرْسِيدَه شُدَه اَمْ ich bin gefragt worden

u. s. w.

5. Plusquamperfektum.

پُرْسِيدَه شُدَه بُودَمْ ich war gefragt worden

u. s. w.

6. Futurum.

پُرْسِيدَه خَواهَمْ شُدْ ob شُدَنْ ich werde gefragt werden.

u. s. w.

7. Aorist.

پُرْسِيدَه بِشَوَمْ oder شَوَمْ ich werde gefragt

u. s. w.

Infinitiv.

پُرْسِيدَه شُدَنْ gefragt werden

Partizipium.

پُرْسِيدَه gefragt.

2. Der Gebrauch des verkürzten Infinitivs, welcher durch Abwerfung der Endung ان gebildet wird, ist auf wenige Fälle beschränkt, und auch dann wird er mitunter durch die vollere Form ersetzt. Er steht gewöhnlich nach den Verben بَايِسْتَنْ (unpersönlich) nötig sein (Stamm بَاى), تَوَانِسْتَنْ (Stamm تَوَانْ) können, man kann, es ist möglich, خَواسْتَنْ (خَواهْ) wollen und nach تَوَانْ können, z. B.

بَايَدْ گُفْت { بَايَدْ گُفْتَنْ es ist nötig zu sagen, (dafür auch: } man muß sagen

und گُفْتَنْ بَايَدْ.

Statt des verkürzten oder vollen Infinitivs tritt häufig der Aorift, gewöhnlich mit dem Präfix بِه versehen, ein, dem auch كِه „daß" vorgesetzt werden kann.

Diese Konstruktion findet überhaupt insgemein Anwendung, wo im Deutschen ein Zeitwort mit dem Infinitiv eines anderen Zeitwortes (mit oder ohne „zu") verbunden wird, z. B.

مِيدَانِيدْ فَارْسِى گُفْتُگُو كُنِيدْ

Können Sie persisch sprechen?

Anm. بَايِسْتَنْ ist das gewöhnliche Zeitwort zum Ausdruck des Deutschen „müssen." Da es unpersönlich ist, so muß man das Subjekt des Müssens im Dativ hinzu setzen, z. B.

مَرَا بَايَدْ كَرْدَنْ ober مَرَا بَايَدْ كَرْد ober

بَايَدَمْ كَرْد ober مَرَا كَرْدَنْ بَايَدْ ober

بَايَدْ بِكُنَمْ = ich muß thun.

Besonders merke man:

مَرَا پُولْ بَايَدْ mir ist Geld nötig = ich brauche Geld.

B. Wörter.

تَنْ	der Körper	اَنْدَازَه	die Form, die Gestalt
رَهْزَنْ	der Räuber	كَعْبَه	die Kaaba
رَاسْت	die Wahrheit	بَنْدَه مَنْزِلْ	die Dienerwohnung
لَحْظَه	der Augenblick		(b. h. meine Wohnung)
جَامَه	das Kleid	تَشْرِيفْ	die Beehrung

بَرْداشْتَن aufheben   هَمِین derselbe, dieselbe, das=
selbe

بُوسِیدَن küssen

گُذاشْتَن lassen, unberücksichtigt lassen   حاضِر gegenwärtig

حاضِرساخْتَن herbeischaffen

رَنجِیدَن sich ärgern   تَصَوُّر die Phantasie

بی‌اَدَب unhöflich, ungebildet   تَصَوُّر کَرْدَن sich (etwas) vor=
stellen

اَدَبْ کَرْدَن höflich behandeln   فُروخْتَن verkaufen

C. Übungen.

دُوسْتِ مَا اَز رَهْزَنان کُشْته شُد — رُوزی پُرسِیدَه
شُدِیم کِه چِه ضَرُور دارِید — خَرَرا بَزَدَن اَسْپ نَتَوان کَرْد
(Sprichwort) — سَنْگی را که نَتَوان بَرْداشت بَایَد بُوسِید
و گُذاشْت (Sprichwort) — اَز راسْت نَبایَد رَنجِید —
بی‌اَدَبانْرا اَدَب بَایَد کَرْد — هَرچِه لازِم باشَد هَمِین لَحْظَه
حاضِر بَایَد ساخْت — شُما بَایَد آنْرا بَیان کُنِید —
بَنْدَه چِه بَایَد بِکُنَم — چَهار اَسْپ کُشْته شُدَند

Man muß das Kleid nach (بِه) der Gestalt des Körpers
schneiden (Sprichwort d. h. sich nach der Decke strecken). Fragend
(d. h. durch Fragen) kann man zur Kaaba[1]) gehen. Man kann
sich nichts Besseres (übersetze: Besseres nicht) vorstellen. Dürfen
wir uns darüber (اَز آن) wundern? (übersetze: ist es nötig, daß
u. s. w.). Was wollen Sie ihm geben? Ich wünsche alles von
euch zu hören. Werden Sie morgen in die Dienerwohnung Be=
ehrung bringen (d. h. werden Sie mich morgen besuchen?) Ich
muß ein Haus mieten. Dieses Haus wird verkauft werden.

---

¹) das Allerheiligste der Moschee zu Mekka.

XV. Lektion.

Die unregelmäßigen Zeitwörter.

A. Regeln.

Wir geben im Folgenden eine Zusammenstellung aller un=
regelmäßigen Zeitwörter, in welcher auch die bisher behandelten
der Übersicht wegen nochmals aufgeführt werden. Die Unregel=
mäßigkeit betrifft nur die Bildung des Stammes
(vergl. Lektion IV). Die unregelmäßigen Zeitwörter zerfallen in
folgende Klassen:

1. Zeitwörter auf یدَن ـِـ.
   Diese zahlreiche Klasse von Zeitwörtern bildet den
   Stamm durch Abwerfung der Endung یدَن ـِـ. Aus=
   genommen sind folgende vier:

   آفَرِیدَن schaffen: آفَرِین

   چِیدَن sammeln, decken (den Tisch): چِین

   دِیدَن sehen: بِین

   گُزِیدَن wählen: گُزِین

2. Zeitwörter auf ادَن; es sind deren nur wenige.
   Davon bilden 4 den Stamm durch Abwerfung der
   Endung ادن, nämlich

   اُفتَادَن fallen: اُفت

   اِیسْتَادَن stehen: اِیسْت

   فِرِسْتَادَن schicken: فِرِشت

   نِهَادَن stellen, legen, setzen: نِه

   Folgende hängen auch j an den regelmäßig gebildeten
   Stamm:

   زَادَن geboren werden, gebären: زَای (neben زَا)

   گُشَادَن öffnen: گُشَای (neben گُشَا)

   آمَادَن bereiten: آمَای (neben آمَا)

Ganz unregelmäßig ist:

دَادَن‎ geben: دِهْ

3. Zeitwörter auf ـُودَن‎. Es sind deren 13; davon ist بُودَن‎ „sein" ganz unregelmäßig (vergl. Lektion VI). Die folgenden bilden den Stamm so, daß sie die Endung ودن‎ abwerfen und ـَای‎ oder ـَا‎ anhängen:

آزْمُودَن‎ prüfen, versuchen:	آزْمَای‎ und	آزْمَا‎
آسُودَن‎ ruhen:		آسَا „ آسَای‎
اَفْزُودَن‎ zunehmen:		اَفْزَا „ اَفْزَای‎
فَزُودَن‎ wachsen:		فِزَا . „ فِزَای‎
آلُودَن‎ besudeln:		آلَا „ آلَای‎
اَنْدُودَن‎ überziehen:		اَنْدَا „ اَنْدَای‎
پَالُودَن‎ auspressen, seihen:		پَالَا „ پَالَای‎
پِیْمُودَن‎ messen:		پِیْمَا „ پِیْمَای‎
زِدُودَن‎ abreiben, reinigen:		زِدَا „ زِدَای‎
سِتُودَن‎ preisen:		سِتَا „ سِتَای‎
سُودَن‎ reiben:		سَا „ سَای‎
فَرْمُودَن‎ befehlen, belieben:		فَرْمَا „ فَرْمَای‎
نُمُودَن‎ zeigen:		نُمَا „ نُمَای‎

B. Wörter.

چَاہ‎ der Brunnen

رُقْعَه‎* das Billet, das Briefchen

زَمِین‎ die Erde

آسْمَان‎ der Himmel

مَیْل‎* die Luft, die Neigung

قَصْد‎* die Absicht

تَرْک‎* das Verlassen, das Aufgeben

سُفْرَه‎ der (Eß-)Tisch

سَبَد‎ der Korb

پَنْجَرَه‎ das Fenster

اُوطَاق‎ das Zimmer

روغَنْ das Öl, das Fett

ریگْ der Sand

بِیَابَانْ die Wüfte

چَای der Thee

مَایَه das Rapital

(pl. مَجَالِسْ) مَجْلِسْ die Verfammlung, die Gefellfchaft

سَرْمَا die Rälte

زَحْمَتْ die Bemühung

دُزْد der Dieb, der Räuber

كَارْوَانْ die Rarawane

جَنْگْ die Schlacht

پُشْت der Rücken

قَرْض die Schulden

رِیشْ der Bart

نَالِیدَنْ klagen

لَرْزِیدَنْ zittern

كَشِیدَنْ ziehen

خَنْدِیدَنْ lachen

خَوَابِیدَنْ schlafen

كَاسْتَنْ abnehmen, geringer werden (Stamm كَاه)

كَمْ wenig, gering

بِیهُودَهْ unnüß

رُو (mit Genetiv) auf

فَرْدَا morgen.

C. Übungen.

آهَنِ سَرْدُ كُوفْتَنْ سُودْ نَدِهَدْ — اَزْ چَاهْ بِیرُونْ آمَدَه دَرْ چَاهْ اُفْتَادْ (Sprichwort) — بَرَایِ صَاحِبْ یَكْ رُقْعَه آوَرْدَه اَمْ وَجَوَابَشْ(¹ مِیخَوَاهَمْ — صَاحِبْ اَحْوَالَشْ خُوشْ نِیسْت خَوَاهَدْ حَالَا بِخَوَابَدْ — شُمَا چِرَا مِیخَنْدِیدْ — خُدَا زَمِینْ وَآسْمَانْرَا آفَرِیدْ — اِینْ اَسْپْ رَا مَتَرِیدَ شَلْ اَسْت — آنْ بَچَّهَا تُلْ مِیچِینَنْد — چُونْ مِیبِینَمْ كِه شُمَا مَیْل نَمِیدَارِیدْ قَصْدِ مَرَا تَرْكْ خَوَاهَمْ كَرْد — نَوْكَرِ دِیگَرِی بِغِرِشْت —

---

¹) überseße: Antwort darauf.

كه تُرا مِيغِرِشتَنْد — سُفْرَه چِيدَه اَسْب — سَبَدْ رَا رُوىٔ

سُفْرَه بِنِهِيد — چِرا پَنْجَرَهَاىٔ اِين اوطَاق رَا نِمِيكُشَايِيد —

رُوغَنْ اَز رِيگْ بِيَابَان مِيكَشَد

Belieben Sie morgen Nachmittag zu kommen (übersetze: Be=
lieben Sie, kommen Sie u. s. w.). Der Diener ist hier, wollen
Sie, daß ich befehle, daß er den Thee bringe? Jeder, welchem
gering ist das Kapital des Verstandes (d. h. welcher wenig
Verstand hat), dessen (übersetze: sein) unnütz reden war (noch
immer) viel; wenn (چُون) dem Manne der Verstand wächst,
nimmt ihm[1]) die Rede in den Gesellschaften ab (aus Watwât's:
Spruch=Centurie Ali's). Die Luft ist kalt. Du zitterst vor (اَز)
Kälte. Sie sind sehr gütig (übersetze: Sie ziehen Bemühung).
Der Räuber klagt und die Karawane klagt (Sprichwort). Wer
(übersetze: Jeder, der) in der Schlacht den Rücken zeigt, kann das
Gesicht nicht (mehr) zeigen. Du hast keine Schulden (übersetze:
nicht Schuld)? Geh und schlaf auf dem Rücken (d. h. ruhig).
Gieb deinen (durch خُود) Bart nicht in die Hand eines anderen
(d. h. Gieb dich nicht in die Gewalt eines anderen).

XVI. Lektion.

Fortsetzung der unregelmäßigen Zeitwörter.

4. Verba auf خْتَنْ. Es sind deren 25.

Davon bilden 22 den Imperativ so, daß sie nach Ab=
werfung der Endung تن das schließende خ in ز ver=
wandeln:

اَفْرَاخْتَنْ erheben   اَفْرَازْ (اَفْرُوز) (oder

اَفْرُوخْتَنْ anzünden (oder اَفْرُوخْتَنْ)   اَفْرُوز (oder

---

¹) durch شْ.

آموز	lernen, lehren	آموختن
آمیز	mischen	آمیختن
اَنْدَاز	werfen	اَنْداختن
اَنْگِیز	aufregen	اَنْگِیختن
آویز	hängen	آویختن
باز	spielen	باختن
پَرْداز	glätten, vollenden	پَرْداختن
پَرْهِیز	unterrichten, sich enthalten	پَرْهِیختن
پَز (nicht پِز!)	kochen, backen	پُختن
بِیز	sieben, seihen	بِیختن
تَاز	laufen	تَاختن
تُوز	verlangen	تُوختن
دوز	nähen	دوختن
رِیز	gießen	رِیختن
سَاز	machen	سَاختن
سَپُوز	durchbohren	سَپُوختن
سُوز (auch سُوج)	verbrennen	سُوختن
گُداز	schmelzen	گُداختن
گْرِیز	fliehen	گْرِیختن
نَوَاز	schmeicheln	نَوَاختن

Folgende 3 sind besonders zu merken:

شِنَاس	kennen, erkennen	شِنَاختن
فِرُوش	verkaufen	فِرُوختن
گُسِل (auch گُسِیل)	zerbrechen	گُسِیختن

B. Wörter.

تَاجِرٌ* der Kaufmann, der Händler

نِیکِی das Gute

زَمِینْ die Erde

مِیَانْ die Mitte

مَحَبَّتْ* der Gegenstand (einer Erörterung), der Streitpunkt

قَهْوَه* der Kaffee

چَایْ der Thee

قَنْد der Zucker

شِیرْ die Milch

صُبْع* der Morgen, morgens

آشْپَزْ der Koch

بَالَاپُوشْ der Überrock

وَزِیرْ der Minister

مَرْدُمَانْ die Leute

قَدَحْ der Becher

مَیْ der Wein

آبِ لِیمُونْ Zitronenwasser

لِیمُونْ die Zitrone

دِیگْ der Topf

اِعْتِمَادْ das Vertrauen

اِعْتِمَادْ کَرْدَنْ بَرْ Vertrauen haben auf

خَطَرْ die Gefahr

اِخْرَاجْ die Entlassung

بَرْ (mit Akkusativ) auf

هَمَه jeder, alle

هِیچْ (mit der Verneinung beim Zeitwort) durchaus nicht

هَرْوَقْتِی کِه allemal wenn

بَاهَمْ zusammen

بَرْخَاسْتَنْ sich erheben

رَاسْت recht

چَپْ links

اِخْرَاجْ کَرْدَنْ entlassen

C. Übungen.

هَمَه کَسْ مَرَا مِیشِنَاسَدْ وَهَمَه مِیدَانَنْدْ کِه هِیچْ
تَاجِرِی اَزْ مَنْ اَرْزَانْتَرْ اَسْب نَمِیتَوَانَدْ بِفُرُوشَدْ — نِیکِی
بِکُنْ و بَدَرْیَا بِیَنْدَازْ — زَمِینْ رَا بَآسْمَانْ مِیدُوزَدْ(1) —

---

1) d. h. er versucht Unmögliches.

هَرْوَقْتِى كِه مَا بَاهَمْ بَاشِيمْ دَرْ مِيَانِ مَا گُفْتُگُوئِى بَرْ
مِيخِيزَدْ١) كِه مَحْبَنْشُ زَبَانِ فَارْسِى اسْت — اَكْثَرْ
مِيخَواهِيدْ قَهْوَه بِپَزَنْد — قَهْوَه خُوشَمْ نَمِى آيَدْ چَائِى
بِپَزَنْد — چَائِى حَاضِرْ اسْت قَنْد رَا شُمَا خُودِتَانْ بِيَنْدَازِيدْ
شِيرْ هَمْ بِرِيزِيدْ — چِرَا بِگِرِيزِى — اِينْ اَسْب زُودْ مِيتَازَدْ —
دَرْ پَائِى تُو رِيزَمْ آنْچِه دَرْ دَسْتِ مَنْ اسْت٢) —

Er unterscheidet (شِنَاخْتَنْ) die rechte Hand nicht von der linken Hand. Der Diener kocht Kaffee. Morgens wann stehen Sie auf? Warum stehen Sie früh auf? wollen Sie etwa ausgehen (جَائِى رَفْتَنْ). Der Schneider näht einen Rock für meinen Herrn. Wenn Sie ihn kennten (Imperf.), würden Sie nicht so gesagt haben (Imperf.). Was kocht der Koch. Wohin kann ich meinen Überrock hängen? Dieser Minister regt die Leute auf; man muß ihn aus dem Dienst entlassen. Wollen Sie (daß) ich Wein in Ihren Becher gieße? Nein, ich ziehe Zitronenwasser vor. Koche Thee und gieße (ihn) in diesen Topf. Auf meine Diener habe ich kein Vertrauen; im Augenblick der Gefahr fliehen sie und verlassen mich.

XVII Lektion.

Fortsetzung der unregelmäßigen Zeitwörter.

5. Verba auf سْتَنْ.

a) 8 Verba bilden den Stamm durch Abwerfung der Endung سْتن; dabei fällt auch der vorhergehende kurze Vokal weg:

---

¹) bei den mit trennbaren Präpositionen zusammengesetzten Zeitwörtern treten die Partikeln مى, هَمِى, بِه, نَه, مَه zwischen Präposition und Zeitwort.

²) d. h. Alles was ich habe, steht zu deiner Verfügung.

آج	pflanzen	آجِسْتَنْ
بَای	nötig fein	بَایِسْتَنْ
تَوَانْ	können	تَوَانِسْتَنْ
دَانْ	wiffen	دَانِسْتَنْ
شَای	sich ziemen	شَایِسْتَنْ
کْرِی	weinen	کْرِیِسْتَنْ und کْرِسْتَنْ
مَانْ	gleichen	مَانِسْتَنْ
نِگَرْ	betrachten	نِگَرِسْتَنْ

Dahin gehören auch آرَاسْتَنْ „fchmücken" und پِيرَاسْتَنْ
„ausfchmücken", welche nach Abwerfung von سْتَنْ ein
konfonantifches ی anhängen: آرَاِی (neben آرَا) und
پِیرَاِی (neben پِيرَا); fowie خَوَاسْتَنْ „wünfchen"
und کَاسْتَنْ „abnehmen," deren Imperative خَوَاه und
کَاه lauten.

b) 4 Verba verlängern nach Abwerfung von سْتَنْ den
kurzen Endvokal (und hängen ی an):

جُو	und جوِی	fuchen	جُسْتَنْ
رُو	„ رُوِی	wachfen	رُسْتَنْ
شُو	„ شُوِی	wafchen	شُسْتَنْ

جِسْتَنْ; زِی oder زِیِسْتَنْ „leben" bildet زِهِسْتَنْ
„fpringen" und رُسْتَنْ „entrinnen" haben جَهْ und رَهْ.

6. Verba auf فتن. Es find deren 15, deren Imperative
folgendermaßen gebildet werden:

آشُوب	ftören, aufregen	آشُوفْتَنْ } آشُفْتَنْ
پَذِیرْ	annehmen	پَذِیرُفْتَنْ

تَافْتَن	leuchten, drehen	تَاب
رَفْتَن	gehen	رَوْ
سُفْتَن	bohren	سُنْب (auch سُفْت)
شِتَافْتَن	eilen	شِتَاب
شِكُفْتَن شِكْفْتَن	blühen	شِكُوف
شُنُفْتَن	hören	شُنَو (Jnf.: gew. شِنُودَن od. شِنِيدَن)
فِرِيفْتَن	täuschen	فِرِيب
كَافْتَن	graben, spalten	كَاو
كُوفْتَن	schlagen, stoßen	كُوب
گِرِفْتَن	nehmen	گِير
گُفْتَن	sprechen	كُو oder كُوى
نِهُفْتَن	verbergen	نِهُفْت
يَافْتَن	finden	يَاب

7. Verba auf شتن.

Die folgenden 8 verwandeln das schließende ش des regel=
mäßig gebildeten Stammes in ر.

اَنْبَاشْتَن	füllen, stopfen	اَنْبَار
اِنْگَاشْتَن	meinen	اِنْگَار
اَوْبَاشْتَن	verschlingen	اَوْبَار
پِنْدَاشْتَن	meinen	پِنْدَار
دَاشْتَن	haben	دَار
گُذَاشْتَن	vorüberlassen, stellen	گُذَار

گُذَر vorübergehen گُذَشْتَنْ

ثُمَارْ bestellen گُمَاشْتَنْ

Die folgenden beiden sind ganz unregelmäßig:

سِرِيشْ mischen, kneten سِرِشْتَنْ

نُويسْ schreiben نُوِشْتَنْ

8. Folgende 7 Zeitwörter auf دن sind noch besonders zu merken:

آ und آيْ	kommen	آمَدَنْ	
كاش	sein	بُودَنْ	
زَنْ	schlagen	زَدَنْ	
سِتَانْ	nehmen	سِتَدَنْ / سِتَانَنْ / سِتَانُدَنْ	
شِنَوْ	hören	شَنِيدَنْ	
كُنْ	machen	كَرْدَنْ	
مِيرْ	sterben	مُرْدَنْ	

9. ganz unregelmäßig sind:

بَنْد	binden	بَسْتَنْ
پِيوَنْد	verbinden	پِيوَسْتَنْ
خِيزْ	aufstehen	خَاسْتَنْ
شِكَنْ	brechen	شِكَسْتَنْ
نِشَانْ	setzen	نِشَاشْتَنْ
نِشِينْ	sitzen, sich setzen	نِشَسْتَنْ
گُسِل	zerbrechen (گُسِيخْتَنْ =)	گُسِسْتَنْ

Übung.

Dialog.

A. اِمروز هَوا بِسيار گَرمسْت

B. مَنْ تَعَجّب ميكُنَم كِه شُما اَزْ گَرما شِكايَت كُنيد

A. چرا مَگَر شُما هَمْچو ميدانِسْتيد كِه بَنْدَه حِسِّ بَدَنى نَداشْتَم

B. نَه هَمْچِنين ليكِن چون شُما فَرْموده بوديد كِه دَه سال دَر هِنْدوسْتان تَشْريف ميداشْتيد واَغْلَب دَر بَنْگالَه مُتَوَقِّف ميبوديد وَهَوائى هِنْدوسْتان خُصوصًا بَنْگالَه اَز ايران بِسيار گَرمتَرَسْتُ واِمْروز هَم بَخُصوصَه روزِ گَرمى نَميبود من مُتَحَيِّر شُدَم كِه شُما اَز گَرما شِكايَت گَرْديد

A. با وُجودِ اين وُجوهِ مَعْقولَه كِه حال چِنين نَباشَد بَنْدَه حَرارَتِ غَريبى دَر بَدَن اِحْساس ميكُنَم وَبَعْلاوَه عَطَش هَم بِسيار دارَمُ وَسَرَم هَم دَرْد ميكُنَد

B. خُدا كُنَد كِه تَب نَداشْته باشى نَبْضَتُرا بِبينَم تَشْويش مَكُنْ نَبَكِ خَفيفى دارى اِحْتِياط بِكُنْ اِنْشاء اللّه زود رَفْع ميشَوَد

A. مَن ميتَرْسَم چاهيدَه باشَم دَهَنَم بَدْمَزَهاَسْتُ وَرَعْشَهٔ دَر پُشْتُ وَپَهْلو اِحْساس ميكُنَم

B. شَكْ نيسْت كِه چاهيدَه ايد اَز ميوَه مُطْلَقا بايَد

پرهیز کنید در این مَوسم تَبُ ولَرز در ایران عُمومی دارَد
مَردُم دَر این شَبهای گَرمُ اَغلَب بر پُشتِ بامها میخوابَنُد
وگاه باشَد که دَر بَیِن شَب اَنَدک چاهِشی عارِض شُدَه
باشَد وشَخص اَز آن مُتَخبَر نیست وَدَر اَوایِل روز بی
اِحتیاط میوَه میخورَند وَاَکثَر تَبُ ولَرزها وسایرِ اَمراض
که دَر این فَصل مُتَدَاوَلنُد اَز این جِهات بَر میخیزَند

A. رَاست میگُوئید مَن دیشَب دو سه ساعَت اَز
نِصفِ شَب گُذَشته بیدار شُدَم وَخَیلی سَردَم بود دیدَم
که شَبکُلاه اَز سَرَم اُفتادَه بود وَلَحاف هَم روِیَم نَبود دو سه
بار هَم عَطسَه کرَدَم شایَد که اِبتِدائی زُکامِ مَن اَز آن باشَد ﷼

Wörter.

گَرما	die Wärme	تَبُ	das Fieber
حِسّ*	das Gefühl	تَبَک	das Fieberchen
تَشریف*	die Beehrung, der Aufenthalt	نَبض*	der Puls
وَجه*(arab. pl. وُجوه)	der Grund	تَشویش*	die Beunruhigung
حَرارَت*	die Hitze	کردن—	sich beunruhigen
بَدَن*	der Körper	اِحتیاط*	die Vorsicht
اِحساس*	das Empfinden	کردن—	vorsichtig sein
کردن—	empfinden	رَفع*	das Heben, das Beseitigen
عَطش*	der Durst	شُدَن—	gehoben werden
		دَهَن*	der Mund

رَعْشَه* das (Fieber-)Schauer	مُتَوَقِّف* verweilend
يَهْلُو die Seite	بُودَن— sich aufhalten
پَرْهِيز die Enthaltsamkeit	مُتَحَيِّر* erstaunt
كردن— sich enthalten	مَعْقُولَه* plaufibel
مَوْسِم* die Jahreszeit	خَفِيف leicht
لَرْز der Schnupfen	چاهِيدَن sich erkälten
عُمُومِی* die Verbreitung	بَدْمَزَه schlecht schmeckend
داشْتَن— verbreitet fein	اَنْدَك gering, klein
بَام das Dach	عَارِض vorkommend
چاهِش die Erkältung	شُدَن— vorkommen
اَوايِل* der Anfang	مُعْتَبَر bemerkend
سايِر* der Reſt	بُودَن— merken
اَمْرَاض* (arab. Pl. von مَرَض) die Krankheit	بَدَنِی körperlich
جِهَت* (Pl. جِهَات) der Grund, die Urſache	اَكْثَر meiſte
شَبْكُلاه die Nachtmütze	مُتَدَاوَل graffirend (von einer Krankheit)
لِحَاف* die Bettdecke	گاه بَاشَد كِه es kommt bis- weilen vor, daß
عَطْسَه* das Nieſen	شَايَد كِه es mag fein, daß; vielleicht
كردن— nieſen	اَغْلَب meiſtens
اِبْتِدا* der Anfang	مُطْلَقًا durchaus, abſolut
زُكّام der Schnupfen	هَمْچُو } so, ebenfo
دانِسْتَن glauben, meinen	هَمْچِنِين }
فَرْمُودَن sagen (höflich statt گُفتن)	

6*

چونْ da, weil ، بَا وُجُودْ (mit Genetiv) trotz

خُصُوصَا
بِخُصُوصَه } besonders دَرْ بَیْنِ (mit Genet.) während

نَه nicht

بَعَلَاوَه überdies, außerdem

XVIII. Lektion.

Die Präpositionen[1]).

Nach den Verhältniswörtern steht das Hauptwort o h n e
K a s u s z e i c h e n im Akkusativ.

Die hauptsächlichsten einfachen Verhältniswörter sind:

اَزْ von, aus بَرْ auf, über

بَه in, bei, an, zu تَا bis

بِی ohne جُزْ
دَرْ (اَنْدَرْ) in بَجُزْ } außer

بَا mit

Der Gebrauch der Präpositionen ist im Persischen ein sehr aus-
gedehnter. Es ist daher nützlich, die wichtigsten Präpositionen besonders zu betrachten und ihre Gebrauchsweise ausführlich darzulegen.

A. Die Präposition اَزْ wird gebraucht:

1. Zur Bezeichnung r ä u m l i c h e r Verhältnisse und zwar
in eigentlicher und übertragener Bedeutung,

a) bei allen Verben mit der Bedeutung: fort-
g e h e n, scheiden, sich trennen, sich entfernen;
entfernen, trennen, fortschaffen, entnehmen und
ähnlichen. Sie hat alsdann (je nach dem Verbum)
die Bedeutung: aus, von, aus—heraus, von . . .
her u. s. f.

b) bei allen Verben (u. Nominibus) mit der Be-

---

[1]) In dieser Lektion sind die vortrefflichen Expositionen von Grünert im
Wörterbuche zu seiner „Neupersischen Chrestomathie" benutzt.

deutung: ſchützen (vor), bewahren (vor), ver-
bergen (vor), ſichern (vor); ſich fürchten (vor),
ſich hüten (vor) und ähnlichen.

c) bei allen Verben (und Nominibus) mit der Bedeutung: fragen (Jemanden = از یکی);
ſuchen (Jemanden: از کسی; etwas از چیزی);
bitten, verlangen, fordern (von Jemandem).

d) bei allen Verben (und Nominibus) mit der Bedeutung: hören (von); wiſſen (von); benachrichtigen (von); ſagen, erzählen, berichten (von).

e) zur Bezeichnung des Unterſchiedes und Ab-
ſtandes z. B. از دور von ferne, از نَزدیک aus
der Nähe; از .... تا von .... bis; دانِسْتَن
und شناخْتَن mit از: etwas von etwas unter-
ſcheiden; dahin gehört auch der Gebrauch von از
nach einem Komparativ u. a.

2. Zur Bezeichnung zeitlicher Verhältniſſe in der
Bedeutung: von .... an, ſeit, z. B. از آغازْ
von Anfang an.

3. Zur Bezeichnung ſonſtiger Verhältniſſe und zwar:

a) Zur Angabe des Ganzen, zu dem etwas als
Teil gehört, z. B. یکی از وُزَرا einer von den
Veſiren; قِطْعَهٔ از ein Stück von; بودن از
gehören zu, unter.

b) Zur Angabe des Stoffes, aus dem etwas
gemacht iſt, z. B. قِلادَهٔ از طلا eine Halskette
von Gold, eine goldene Halskette;
Anm. از ſteht auch nach Wörtern mit der
Bedeutung „voll" (von) und „leer" (von).

c) Zur Bezeichnung der Urſache und des Urſprungs, z. B. از هَیْبَت aus Furcht; مُرْدَن
از sterben an; مَسْرور شدن از ſich freuen
über; مُتَوَلِّد از abſtammend von.

4. از dient endlich in Verbindung mit andern Präpositionen, Adverbien oder Substantiven zur Bildung zusammengesetzter präpositionaler Ausdrücke, wie:

از بَعْد nach (zeitlich)

بِيرونْ از ausgenommen

از پَسِ nach (zeitlich)

پِيشِ از vor

جُز از außer

oder vorstehend:

از بالای (mit Gen.) von … herab

از بَرِ von … herab

از بَرای wegen, für u. s. w.

Anm. Besonders bei Dichtern kommt statt از öfter die abgekürzte Form زِ oder زْ vor, welche dem Hauptwort präfigiert wird.

B. Die Präposition بَ.

Die Präposition بَ wird dem regierten Worte präfigiert; nur, wenn dieses mit بَ oder پ beginnt, schreibt man gewöhnlich به, getrennt von dem folgenden Worte.

بَ wird gebraucht:

1. Zur Bezeichnung räumlicher Verhältnisse:

a) bei den Verben, welche eine Bewegung ausdrücken, zur Angabe des Zieles: nach, zu, in, z. B. (auf die Frage wohin?)

بَمَدْرَسَه رَفْتَنْ zur Schule gehen.

Dieselbe Bedeutung liegt dem Gebrauch von به mit den Zeitwörtern: „Streben nach, begehren, neigen zu" u. s. w. zu Grunde z. B.

بِچِيزی طَمَعْ داشتن nach etwas Verlangen haben

b) zur Angabe des Ortes, an dem sich etwas befindet: an, in, bei, auf (auf die Frage wo?) z. B.

كدين شهر in dieser Stadt.

Dahin gehört auch ب bei den Verben, welche bedeuten: berühren, anhängen (an), haften (an), binden (an) u. s. f.

2. Für Bezeichnung zeitlicher Verhältnisse (auf die Frage wann? in welcher Zeit?) z. B. بروز bei Tage, بشب bei Nacht, بشش سال in sechs Jahren.

3. Für Bezeichnung sonstiger Verhältnisse:

a) zur Bezeichnung des Mittels und Werkzeugs: mit, durch, z. B.

بشمشير كشتن mit dem Schwerte töten.

Als Mittel ist auch der Preis anzusehen, um den man etwas kauft oder verkauft, mit dem man etwas bezahlt.

b) zur Bezeichnung eines Dativverhältnisses (vergl. Lektion II).

c) zur Angabe der Ursache, wegen welcher, des Zweckes, zu welchem und der Bedingung, unter welcher etwas geschieht, z. B.

بدين سبب aus diesem Grunde

بسبب (mit Genet.) wegen der Ursache ....

= wegen

باحضار عساكر فرمان داد er gab den Befehl zum Herbeiholen der Soldaten.

بشرطيكه unter der Bedingung, daß.

d) in der Bedeutung „gemäß, nach".

e) in der Bedeutung „bei" in Verbindung mit den Zeitwörtern, welche „schwören" bedeuten.

f) zur Angabe der Art und Weise (auf die Frage wie?) z. B. برحمت barmherzig (z. B. behandeln).

(Weitere Übungen finden sich in der auf die Grammatik folgenden Chrestomathie).

XIX. Lektion.

Fortsetzung der Präpositionen.

C. Die Präpositionen با „mit".

1. Die Präposition با wird gebraucht

a) bei den Verben, welche bezeichnen: ein Zusammensein, (Gesellschaft, Begleitung, Gemeinschaft, Verkehr, Vereinigung, Übereinstimmung).

b) bei den Verben, welche bezeichnen: eine Trennung (und Abweichung).

c) bei den Ausdrücken: versehen, ausgerüstet, ausgestattet, bekleidet, angethan, bewaffnet, begabt, behaftet mit u. ähnlichen.

d) in der Verbindung با وُجُودِ „troß".

D. Die Präposition دَر „in."

Die Präposition در steht

1. zur Bezeichnung räumlicher Verhältnisse:

a) auf die Frage wo? z. B.

در خانه in dem Hause

در هَمَه أَحْوال in allen Verhältnissen

b) auf die Frage wohin? z. B.

در صَنْدوقى أَنْداختن in eine Kiste werfen.

Anm. Im Unterschiede von بَ hat در stets die Bedeutung „mitten in", bezeichnet also einen Punkt in einem umschlossenen Raume.

2. zur Bezeichnung zeitlicher Verhältnisse:

auf die Frage: wann? = in, an, innerhalb, während, z. B. در مَحَلّ مُنَاسِب zu gelegener Zeit.

3. für Bezeichnung sonstiger Verhältnisse:

a) zur Angabe von Zuständen und Verhältnissen, in welchen sich etwas befindet oder unter welchen eine Handlung vor sich geht, z. B.

در اِحْتِياج بودن sich in Not befinden.

b) in der Bedeutung: über, in Betreff, hinſichtlich, rückſichtlich,

در این باب گفتگو کنیم wir wollen uns über dieſen Gegenſtand unterhalten.

c) beſonders merke man noch:

کوشیدن
در } sich abmühen an, streben nach
سَعْی نمودن

شَک در Zweifel an

در زودی بِهْتَر بودن an Schnelligkeit beſſer ſein (übertreffen).

E. Die Präpoſition بَر „auf.“

Die Präpoſition بَر wird gebraucht:

1. zum Ausdruck räumlicher Verhältniſſe:

a) bei den Verben mit der Bedeutung: ſich befinden, ſein, verweilen und ähnlichen (auf die Frage wo?).

Anm. Beſonders merke man خَواندن, welches mit بر die Bedeutung „vorleſen“ hat.

b) bei Verben der Bewegung = auf, über, auf . . . zu (im feindlichen Sinne: gegen, auf . . . los).

2. in andern Verhältniſſen:

a) bei den Verben, welche den Begriff der Aus= zeichnung oder des Überwältigens und Herrſchens in ſich ſchließen, z. B.

مَی بر چای تَرْجِیح داشتن dem Thee Wein vorziehen

بر کسی مَنْصور شدن Jemanden überwinden (eig. gegen Jemanden — von Gott — unter= ſtützt werden).

b) bei den Verben des Zürnens und nach

مُشْتَمِل „enthaltend.“

Man merke ferner:

بَالَايِ oberhalb, über; اَزْ بَالَايِ von ... herab

بَجَايِ anstatt

بَرَابِرِ gegenüber

بَرَايِ für; اَزْ بَرَايِ wegen

پَسِ
اَزْ پَسِ } hinter, پَسْ اَزْ nach (zeitlich)

پَهْلُوِي neben

پِيرَامُونِ
گِرْدِ } um herum

پِيشِ vor (von Raum und Zeit)

تُوِي in ... hinein

زِيرِ unterhalb (auch دَرْ زِيرِ und بَزِيرِ).

سُوِي gegen (Richtung)

مِيَانِ
دَرْ مِيَانِ } inmitten, zwischen

نَزْدِ nahe bei

بَوَاسِطَهٔ vermittels

دَرْ مُقَابِلِ
دَرْ مُقَابَلَهٔ } gegenüber

بَعْدِ اَزْ nach

u. f. w.

XX. Lektion.

Die zusammengesetzten Eigenschaftswörter.

Obgleich die Behandlung der zusammengesetzten Eigenschafts-
wörter mehr Sache des Wörterbuchs als der Grammatik zu
sein scheint, so ist es doch nicht unwichtig, hier einige Regeln
darüber zu geben, da die Zahl derselben im Persischen sehr groß
ist, da sie ferner eine der hauptsächlichsten Schönheiten der
Sprache ausmachen und, was den Ausschlag giebt, ihre einzelnen
Teile in der Schrift oft getrennt gelassen werden, so daß der
Anfänger sie leicht verkennt.

Es giebt vier Arten von zusammengesetzten Eigenschafts-
wörtern, nämlich solche, welche bestehen

1. aus zwei Hauptwörtern:

z. B. گُلرُخ rosenwangig (گُل die Rose, رُخ die Wange)
پری روی (aus پری Engel und روی Gesicht,
also: (engelgesichtig =) mit einem
Gesicht wie das eines Engels.

2. aus einem Eigenschaftswort an erster und einem Hauptwort an zweiter Stelle, z. B.

سیاه چشم schwarzäugig

3. aus einem Substantiv und einem Verbalstamm in der
Bedeutung eines Participiums, oder einem Parti-
zipium der Vergangenheit, die zahlreichste Klasse der
Komposita, z. B.

ظلمت انداز Finsternis verbreitend (Nacht)

4. aus einer Partikel mit einem Hauptwort oder Eigenschaftswort, z. B.

بی گُناه (ohne Schuld) unschuldig

ناامید hoffnungslos

Viele dieser zusammengesetzten Adjektive gehören dem höheren
Stil und der poetischen Schreibweise an. Im Nachstehenden

geben wir zu jeder der 4 Klassen noch eine Anzahl der gebräuchlich=
sten Beispiele:

Klasse I.

شَكَرْلَبْ zuckerlippig	پَرِی رُخْسارْ engelwangig
ماهْرُوی mondgesichtig	شیرْدِل löwenherzig
یاقوتْ‌لَب mit Rubinenlippen	سَمَنْ بُوی jasminduftend
مَلَكِ اَخْلاقْ von der Gesittung eines Engels	دَرْیا مِثال meerähnlich

Klasse II.

سَفِیدْ مُوی grauhaarig	خوبْ رُوی mit schönem Antlitz
شیریِنْ زَبان süßzungig, lieb= lich redend	رُوشَنْ عَقْل hellgeistig, mit hellem Verstande
سَلِیمْ قَلْب gutmütig	سَنْگِینْ دِل hartherzig
صافْ دِل reines Herzens	رِشْت روی mit häßlichem Gesicht
نیك اخلاق gutgesittet	خوشُ الْحان schön singend
شِكَسْتَه بال gebrochenen Herzens	كَجْ خُلْق von schlechtem Charakter

Klasse III.

رُوحْ آسا geisterquickend	عالَمْتابْ welterleuchtend
خِجْلَتْ زَدَه schambetroffen	سَحَرْخیز frühaufstehend
گُلْ اَفْشان rosenstreuend	غُبارْ آلود staubbesudelt
دِلْ آزارْ herzbetrübend	جَنْگْجُوی kriegsuchend
مُرادْ آوَر wunscherfüllend	شَهْدْ آمیز honiggemischt
دانِشْ آموز Wissenschaften lernen	دِلْ كُشا herzquickend
	خطا بَخْش fehlervergebend

رَنْگ آميز farbemiſchenb
(trügeriſch)

عِشق باز mit der Liebe ſpie-
lenb, fofett

تيرِ اَنداز pfeilwerfenb

خونْ رِيز blutvergießenb

دِلْبَرْ herzraubenb

Klaſſe IV.

نا پاك unrein

بى خِرَد verſtanbloß

بى دِينْ irreligiöß

هَمْدَم befreunbet (eig. zu=
ſammen athmenb)

كَمْ تَجَرِبَه wenig erfahren

كَمْ بُها geringwertig

بى مَصْرَف nutzloß

نادانْ unwiſſenb

كَمْعَقْل beſchränft (vom
Berſtanbe)

بى باك ſorgloß

Lesestücke mit Glossar.

Lesestücke.

يِكِيرا بِبُيِّرْ وِيِكِيرا دَعْوَى كُنْ ـ وَفَادَارِى اَزْ سَگْ
بَايَدْ آمُوخْت ـ مِهْمَانْ عَزِيزْ اَسْت تَا سِه رُوزْ ـ اَزْ
سَايَهٔ خُودْ رَمْ مِيكُنَدْ ـ جَوَابِ اَبْلَهَانْ خَامُوشِيسْت ـ
تَا تَنُّورْ گَرْم اَسْت نَانْ بِتَوَانْ بَسْت ـ حَرِيفْ بَاخْتَه
بَا بَخْتِ خْوِيشْ دَرْ جَنْگَسْت ـ خَرْ هَمَانْ خَرْاَسْت
پَالَانَشْ دِيگَرْاَسْت ـ دَرْ خَانَهٔ مُورْ شَبْنَمِى طُوفَان
اَسْت ـ حَالِ هَرْكَسْ مُوَافِقِ فَالْ اَسْت ـ صَبْر تَلْخ
اَسْت وَلِيكِنْ بَرِ شِيرِينْ دَارَدْ ـ كَاسَه گَرْمْتَرْ اَزْ آشْ ـ
نَانَشْ بِرُوغَنْ اُفْتَادَه ـ كَسْ نَگُويَد كه دُوغِ مَنْ تُرُشَسْت ـ
شِكَمِ خَالِى صَفَاىِ دِلْ اَسْت ـ زَنِ پِيرْ بُوسِيدَنْ پَنْبَه
چَاوِيدَنْ اَسْت ـ رِيگْ دِيگْرَا گُويَد رُوىِ تُو سِيَاهْ اَسْت

حِکَایَت

دُو زَنْ دَرْ طِفْلِی مُنَازَعَتْ مِیکَرْدَنْد وَگُوَاهْ نَدَاشْتَنْد ۞ هَرْ دُو پِیشِ قَاضِی رَفْتَنْد وَاِنْصَافْ خَواسْتَنْد ۞ قَاضِی جَلَّادْرَا طَلَبِیدْ وَفَرْمُودْ کِه اِینْ طِفْلْ رَا دُو پَارَه کُنْ وَبَهَرْدُو زَنْ بِدِه ۞ زَنِی چُونْ اِینْ سُخَنْ شَنِیدْ خَامُوشْ مَانْدْ وَزَنِ دِیگَرْ فَرْیَادْ آغَازْ کَرْد کِه بَرَائِ خُدَا طِفْلِ مَرَا دُو نِیمْ مَکُنْ اَکْرْ چُنِینْ اِنْصَافْ اَسْتْ طِفْلْ رَا نَمِیخَواهَمْ ۞ قَاضِی بَیَقِینْ پِنْدَاشْت کِه مَادَرِ طِفْلْ هَمِینْ اَسْتْ طِفْلْ بَاُو سِپُرْد وَزَنِ دِیگَرْ رَا تَازِیَانَه زَدَه رَانْد

حِکَایَت

شِیرِی وَمَرْدِی دَرْ یَکْ خَانَه تَصْوِیرِ خُودْهَا دِیدَنْد ۞ مَرْدِ شِیرْ رَا گُفْت مِیبِینِی شُجَاعَتِ اِنْسَانْ کِه شِیرْ رَا تَابِعْ کَرْدَه اَسْتْ ۞ شِیرْ گُفْت اِینْ مُصَوِّرِ اِینْ اِنْسَانْ اَسْتْ اَگَرْ شِیرْ مُصَوِّرْ بُودِی هَمْچِنِینْ نَبُودِی

حِکَایَت

دُو مُصَوِّرْ بَاهَمْ گُفْتَنْد کِه مَا هَرْدُو کَسْ تَصْوِیرْ بِکْشِیمْ بِه بِینِیمْ کُدَامْ خُوبْ مِیکَشَدْ یَکْ مُصَوِّرْ خُوشَهٔ اَنْگُورْ نَقْشْ نِمُودْ وَآنْرَا بَرْ دَرْوَازَه آوِیخْت مُرْغَانْ آمَدَنْد وَبَرْ آنْ

مِنقَارْ زَدَند مَردُمَانْ آنْ تَصوِيرْ را بِسيَارْ پَسنَدِيدَند
وَدَرْ خَانَه مُصَوِّرِ دِيگَرْ رَفْتَند و پُرسِيدَند کِه کُجا تَصوِيرْ
کَشِيدَه ۞ گُفت دَرْ پَسِ اِينْ پَرْدَه ۞ مُصَوِّرِ اَوَّلْ خواسْت
کِه پَرْدَه بَرْدَارَدْ چُون دَسْت بَرْ پَرْدَه نِهَادْ وَمَعلُومْ کَرْد کِه
پَرْدَه نِيسْت بَلکِه دِيوَارْ اَسْت کِه بَرْ آنْ تَصوِيرْ کَشِيدَه
اَسْت ۞ مُصَوِّرِ دِيگَرْ گُفت کِه تُو چِنَانْ تَصوِيرْ کَشِيدِی
کِه مُرْغَانْ فِرِيفْتَند وَمَنْ چِنَانْ تَصوِيرْ کَشِيدَمْ کِه مُصَوِّرْ
فِرِيفْت ۞

حِکَايَتْ

رُوزِی شَخْصِی با خُودْ مِيگُفت کِه هَرچِه دَر زَمِينْ
وآسْمَانْ اَسْت هَمَه بَرَائِی مَنْ اَسْت مَرا بِسيَارْ بُزُرگْ
خُدا آفَرِيد ۞ دَرْ آنْ اَثْنَا پَشه بَرْ بِينِئِ اُو نِشَسْت
وَگُفت تُرا چِنِينْ غُرُورْ نَشَايَدْ زِيرَاکِه هَرچِه دَر زَمِينْ
وآسْمَانْ اَسْت خُدا بَرَائِی تُو آفَرِيد وَتُرا بَرَائِی مَنْ نَدَانِی
کِه اَز تُو بُزُرگْتَرَمْ ۞

Dialog (zwischen einem Deutschen und einem Perser).[1]

P. (Perser). اِمْرُوزْ هَوَا بِسيَارْ لَطِيفْ و مُلَايِمَسْت
نَمِيخواهِيدْ سَوَارْ شَوِيمْ

[1] aus Mirsa Muhammed Ibrahim's: Grammatik der lebenden persischen
Sprache.

D.(Deutſcher). چِرا مَنْ خِیْلِی مِیخواهَمْ چِه وَقْت سَوارْ شَوِیمْ

P. هَرْ وَقْت شُما صَلاحْ بِدانِیدْ

D. دُو ساعَتْ بَعْد اَزْ ظُهْر

P. بِسْیارْ خُوبْ دَرْ اِیْن بَیْن مَنْ تا مَدْرَسه مِیرَوَهْ و بَر مِیگَرْدَمْ

D. مَنْهَمْ دُو سِه تا کاغَذْ دارَهْ بِنْوِیسَمْ تا آمَدَنْ شُما مِینُوِیسَمْ اَمّا وَقْتِیکه اَسْپْها آماده اَنْد شُما مَرا خَبَرْ کُنِیدْ

P. اَلْبَتّه اَمّا اَگَرْ فَرْمُوده بُودِیدْ وَقْتِیکه اَسْپْ آماده اَسْت بَمُکاوَرَه نَزْدِیکْتَرْ بُودْ

D. مَگَرْ لُغْظِ اَسْپْ مُفْرَدْ نِیسْت

P. بِلا شَكّ اَمّا لَغْظِ مُفْرَدْ هَمِیشه دَلالَتْ بَرْ وَحْدَتْ تَنْها نَمِیکُنَدْ

D. اَمّا آنْچِه مَنْ کُفْتَمْ غَلَطْ نَمِیتَوانَدْ باشَدْ چِرا که اَقَلّاً دُو اَسْبْها ضَرُورْ دارِیمْ

P. مَعْذُرْ شُما بَدْتَرْ اَزْ گُناهَسْت آنْچِه اَوّلْ فَرْمُودِیدْ هَمِینْ اَزْ مُحاوَرَتْ بِیرُونْ بُودْ اَمّا دُو اَسْبْها که حالا مِیفَرْمائِیدْ بَعَلاوَه مُوافِقِ نَحْو هَمْ غَلَطْ اَسْت

D. اَگَرْ مَحَبَّتْ بِفَرْمائِیدْ وَاِیْن مَعْنِی را بِتَفْصِیلْ بَیانْ کُنِیدْ مَنْ اَزْ شُما بِسْیارْ مَمْنُونْ خواهَمْ شُدْ

P. بچشم امّا حالا فرصت ندارم وقتیکه سوارهٔ باهم
میرویم اگر میخواهی درین باب گفتگو خواهیم کرد

D. خوبْ گفتی همچو باشد

حکایت

مردیرا که دعوی نبوّت میکرد بخدمتِ پادشاهِ زمان
بردند مَلِک ازو سؤال نمود که تو کیستی جواب داد که
پیغمبرِ خدایم مَلِک گفت معجزهٔ تو چیست جواب
داد که هرچه مُقرّر کنی بتقدیرم رسانم مَلِک گفت همین
لحظه خربزه نزدِ ما حاضر ساز مُتنبّی بِزَبانِ زانَد که
سه روز مَرا مهلت ده پادشاه گفت همین لحظه حاضر
باید ساخت مُتنبّی گفت ای مَلِک چرا انصاف نمیدهی
خداوندِ جلّ ذِکرُهُ در کَمالِ قدرت در مُدّتِ سه ماه
خربزه می آفریند تو مَرا سه روز مهلت نمیدهی
حاضران فرو خندیدند مَلِک دانست که آن شخص مردی
مزّاح وظریفست وبواسطهٔ افلاس این سُخنان میگوید
اورا توبه داده انعامی کرامند داد

حکایت

پادشاهی ندیم خودرا گفت که اسامیِ ابلهانِ این
شهرا بنویس گفت بشرطیکه نامِ هرکه بنویسم بَر

مَنْ عِتَابُ نَكُنِى مَلِكْ فَرْمُودْ كِه عِتَابْ نَكُنَمْ نَدِيمْ اَوَّلْ
نَامِ پَادِشَاهْرَا نِوِشْت پَادِشَاهْ كُفْتْ اَكَرْ اَبْلَهِئِى مَنْ ثَابِتْ
نَكُنِى كُرَا سِيَاسَتْ كُنَمْ نَدِيمْ كُفْتْ بَرَاتِى مُشْتَمِلْ بَرْ
صَدْ هَزَارْ دِينَارِ سُرْخ بُغُلَانْ نَوِكَرْ دَادِى كِه بُغُلَانْ دِيَارْ
رَوَدْ وَآنْ وَجْهَرَا نَقْد كَرْدَه بِيَاوَرْدْ مَلِكْ كُفْتْ چُنِينْ اَسْت
نَدِيمْ بَرْ زَبَانْ آوَرْدْ كِه مَنْ آنْ مُلَازِمْ رَا مِيشِنَاسَمْ دَرِينْ
شَهْرْ نَه مِلْكِى دَارَدْ وَنَه زَنِى وَنَه فَرْزَنْدِى اَكَرْ آنْ وَجْهَرَا
نَقْد كَرْدَه بَمَمْلَكَتِ پَادِشَاهِى رَوَدْ كِه تُرَا دَرْ آنْ تَصَرُّفِى
نَبَاشَدْ چِه مِيكُوشِى مَلِكْ كُفْتْ اَكَرْ آنْ مَالْرَا نَقْد كَرْدَه
بِيَاوَرْدْ نَدِيمْ كُفْتْ هَرْكَاه چُنِينْ كُنَدْ نَامِ مَلِكْ رَا حَكْ
مِيكُنَمْ وَنَامِ اُو بِنُوِيسَمْ

غَزَل[1]

حَاشَا كِه مَنْ بَمَوْسِمِ كُلْ تَرْكِ مَى كُنَمْ
مَنْ لَافِ عَقْل مِيزَنَمْ اِينْ كَارْ كَى كُنَمْ
مُطْرِبْ كُجَاسْت تَا هَمَه مَحْصُولِ زُهْدُ وَ عِلْمْ
دَرْ كَارِ چَنْكِ وَ بَرْبَطُ وَآوَازِ نَى كُنَمْ
اَزْ قَالُ وَ قِيلِ مَدْرَسَه حَالِى دِلَمْ كَرِفْت
يَكْ چَنْد نِيزْ خِدْمَتِ مَعْشُوقُ وَ مَى كُنَمْ

دَرْ صِفَتِ راسْتی(١

دِلا اَگَر كُنی راسْتی اِخْتیارْ

شَوَدْ خَلْقِ دُنْیا تُرا دوسْتْدارْ

نَه پیچَدْ سَرْ اَزْ راسْتی هُوشْمَنْد

كِه اَزْ راسْتی نامْ نیكُوْ كُنَنْد

تُرا اَگَرْ بُوَدْ راسْتی دَرْ نِهادْ

هَزارْ آفَرینْ بَرْ نِهادِ تو باد

كَمْ اَزْ راسْتی اَگَرْ زَنی صُبْحَوارْ

زِتاریكیِ جَهْل گیری كَنارْ

بِه اَزْ راسْتی دَرْ جِهانْ كارْ نِیسْت

كِه دَرْ گُلْبُنِ راسْتی خارْ نِیسْت

زِنا راسْتی نِیسْت گاری بَتَّرْ

گَرُو نامِ نیكُو شَوَدْ بی ثَمَرْ

غَزَلْ

عیدَسْت وَمَوْسِمِ گُلْ ساقی بِیارْ بادَه

هَنْگامِ گُلْ كِه دیدَه بی مَیْ قَدَحْ نِهادَه

زِبْنِ زُهْدْ وَپارْسایی بِگْرِفْت خاطِرِ مَنْ

¹) Aus dem پَنْدنامَه von Ferid-ed-din 'Attâr aus Nisohabur, gest. 1228.

ساقى بِدِه شَرابى تا دِل شَوَد كُشَادَه

صوفى كِه دِى نَصِيحَت مِيكرُد عاشِقانرا

إمرُوز دِيدَمَش مَست تَقْوَى بَبَادُ دَادَه

اِين يَك دُو رُوز دِيگَر تُلرا غنِيمَتى دَان

تُو عاشِقى طَرَب جُو بَاساقِيان سَادَه

كُل رَفت اَى حَرِيفَان غَافِل چَرا نِشِينِيد

بِى بَانگ رُود چَنگى بِى يَار وجَام بَادَه

دَر بَيَانِ تَعظِيمِ مِهُمَان ¹)

اَى بِرَادَر دَار مِهُمَانرا عَزِيز

تا بِيَابى رَحمَت اَز رَحمَان نِيز

مُؤمِنى كُو دَاشت مِهُمَانرا نِكُو

حَق كُشَايَد بَاب رَحمَترَا بَرو

هَركِرا شُد طَبع اَز مِهُمَان مَلُول

اَز وَى آزَارَد خُداً وهَم رَسُول

---

¹) aus dem Pendnameh.

Glossar.[1]

ا

آبْ das Wasser

آخِرْ das Ende; zuletzt

آراسْتَنْ schmücken

آزارِدَنْ Anstoß nehmen an

آسْمان der Himmel

آشْ die Suppe

آشْنا die Kenntnis, das Be-
kanntsein

آغازْ der Anfang
— کردن anfangen, beginnen

آفَرِیدَن (St. آفَرین) erschaffen

آمادَه fertig, bereit

آمَدَن (St. آی und آ) kommen

آموخْتَنْ (St. آموز) lehren,
lernen

آنْجا dort;

آوازْ die Stimme

آوُرْدَنْ (St. آرْ) bringen

آویخْتَنْ (St. آویز) aufhängen

آهِی ach!

اَبْلَه der Thor, der Narr

اَبْلَهی die Thorheit

اَثْنا die Zwischenzeit

اِخْتِیارْ die Wahl
— کردن sich (Dat.) erwählen

اِخْوانْ (arab. Plural von اَخْ)
Brüder

اَدا die Bezahlung, Vergeltung
— کردن vergelten

اِرادَتْ die Absicht, Tendenz

اَرْزِیدَنْ (St. اَرْزْ) wert sein

اَزْاو - ازو

---

[1] Im Folgenden sind die langen Vokale â, î, û, da durch die Konsonanten
ا, ی, و genugsam angedeutet, nicht weiter durch Vokalzeichen gekennzeichnet.

اسامی die Namen (arab. Plur. von اسم)

اسب das Pferd

اسرار (arab. Plural von سرّ) die Geheimnisse

اسیر gefangen, der Gefangene

اشعار (arab. Plural von شعر) die Gedichte

اصل der Ursprung, die Herkunft

اطلاق die Freilassung, die Befreiung

اعمال (arab.) die Umgegend, der Bezirk

افتادن (St. افت) fallen

افلاس die Armut

اقلّا wenigstens

اکابر angesehene Männer, Männer von Verdienst

اله der Gott

البتّه sicherlich, gewiß

القصّه kurz, mit einem Worte

امّا aber, jedoch

امروز heute

انسان der Mensch

انصاف die Gerechtigkeit

انعام die Gnadenerweisung, das Geschenk

انگور die Weintraube

اوّل zuerst

ای o! besonders in der Anrede gebraucht

ب

با mit

باب (die Thür) das Kapitel, das Thema

باد der Wind

باده der Wein

بازار der Markt, der Laden

بازاری der Kaufmann

بانگ die Stimme, der Laut

باهم zusammen, miteinander

باید es ist nötig, man muß

بدتر - بتّر

بحر das Meer

بخت das Glück

بد schlecht, böse

بدر der Vollmond

بر die Frucht

برات die Geldanweisung, der Wechsel

برای für, um .... willen

بَرْبَطْ die Laute

بَرُداشتَن (بَرُدار .St) aufheben

بُزُرْك groß

بَسْتَن binden, schließen

بِسْيار sehr (bei Adjektiven und Adverben)

بِسْياری die Menge, die große Zahl

بَسْتَن (بَنُد .St) binden, packen

بَعُد (از) (mit folgendem) nach

بَعْض der Teil

بِعَلَاوَه überdies, noch dazu

بِلَا ohne

بَلْكِه aber, sondern

بُلُنُد hoch, berühmt

بَنُد das Band, die Fessel

بَنی آدَم der Mensch (eig. Plur.)

بِواسِطَهٔ wegen

بوسيدَن (بوسْ .St) küssen

بو) بُوی) der Geruch, der Duft

بِهْتَرُ besser

بِيار bring, Imperat. von آوُرْدَن

بَيَان كردن die Erklärung erklären

بَيْت der Vers

بی ثَمَرُ fruchtlos, nutzlos

بيرون (از) außerhalb (mit)

بِيشْتَر mehr

بَيُن die Zwischenzeit, der Zwischenraum. در اين بَيُن in- zwischen

بينی die Nase

پ

پادِشاه der Kaiser

پارْسائی die Frömmigkeit

پارَه —كردن das Stück zer- schneiden, zerreißen

پالان der Sattel

پِدَرُ der Vater

پُرُ voll

پَرُداخْتَن (پَرُدازُ .St) glätten, polieren; vollenden

پَرُدَه der Vorhang

پُرْسيدَن (پُرْسُ .St) fragen

پَسُ درپَيِس nach, hinter: hinter

پَسَنُديدَن (پَسَنُد .St) loben

پَنْبَه die Baumwolle

پِنُداشْتَن (پِنُدار .St) glau- ben, meinen

پَی hinter .... her, nach

پیچیدَن (St. پیچ) wenden

پیر alt

پیش vor

پیغَمبَر der Prophet

ت

تا das Stück; allgemeine Nume-
ralpartikel

تا bis, bis zu; damit

تابع folgend, zahm

تابع‌کردن zähmen

تاریکی die Dunkelheit

تازیانه die Peitsche, Geißel

تُرش sauer

تَرک das Verlassen

—گرِفتَن verlassen

تَصویر das Gemälde, das Bild

—کشیدن ein Bild malen

تَعجیل die Beschleunigung

—کردن beschleunigen

تَعظیم die Achtung (vor Jem.)

تَفصیل die Detaillierung

بِتَفصیل im Einzelnen

تَقوی die Frömmigkeit

تَلخ bitter

نَماشا das Beschauen

تَنّور der Ofen

تَنهَا nur

تَوان es ist möglich

تَوانِستَن (St. تَوان) können

ث

ثابِت feststehend, sicher

—کردن beweisen, begründen

ج

جا der Ort

جام der Becher

جُز außer

بَجُز daß.

جَلّاد der Henker

جِلد der Band eines Buches

جَمع die Sammlung

—کردن sammeln

جُمله die Summe

جو Imperativ von جُستَن
suchen

جَواب die Antwort

جَهل die Unwissenheit, Thorheit

ج

چاویدَن kauen
چرا warum? warum nicht?
(im Sinne einer Bejahung);
چرا که beswegen, weil

بِچَشم das Auge. (eig.
auf das Auge) = sehr gern,
mit Vergnügen

چُنان so
چُنانکه so daß
چَند einige
چَندین soviel
چَنگ der Krieg
چَنگ die Harfe
چُنین so
چو wie, gleichwie
چون als

ح

حاشا Gott bewahre!
حاضِر gegenwärtig
ساختِن— herbeischaffen
حال der Zustand
حالا jetzt, nun
حَرَّام das Heiligtum
حَریف der Genosse
حَقّ die Wahrheit, Gott

حَکّ das Radieren
کردن— auslöschen, wegrabieren
حِکایاتْ arab. Plural von
حِکایَت
حِکایَت die Erzählung

خ

خَارْ der Dorn
خاطِرْ das Herz, der Geist
خاکْ der Staub
خالِقْ der Schöpfer
خامُوشْ still
مانْدَن— still, schweigen
خاموشی das Schweigen
خانَه das Haus
خَبَر die Nachricht, die Kunde;
کردن— benachrichtigen
خُدَا Gott
خُداوَنْد Gott
خِدْمَتْ der Dienst
خَرْ der Esel
خَراب wüst, zerstört
شُدَن— zerstört werden
خَرْبُزَه der Kürbis
خَریدَن (St. خَرْ) kaufen

خَلْق die Schöpfung, die Geschöpfe

خَواسْتَن (St. خواه) wollen, wünschen

خَوانْدَن lesen, singen

خُوش schön, angenehm

خوشه die Ähre, Traube

خَيْلی sehr

د

دَادَن (St. دِه) geben, übergeben

داشْتَن (St. دار) haben

در in

دِراز lang

دَرْگُذَشْتَن vorübergehen, weitergehen

دِرَم (دِرْهَم) eine Münze

دَرْوازَه Thorweg

دَرْويش der Derwisch

دَرْيا das Meer

دَرِيدَن (St. دَرّ) zerreißen

دَسْت die Hand

دُكّان der Laden

دَعْوَى der Anspruch

—کردن (mit Gen.) Anspruch erheben auf

دِل das Herz

دَلالَت die Führung, die Hinweisung

(بَو —) کردن hinweisen (auf —

دَم der Athem

—زَدَن athmen

دَمَاغ das Gehirn; der Sinn

دُنْيا die Welt

دُوسْتْدَار der Freund

دی gestern

دِيَار die Gegend

دِيدَن (St. بِين) sehen

دِيگ der Topf

دِيگَر ander

دِينار der Dinar (Goldmünze)

دينارِ سُرْخ der Goldfuchs

دِيَوار die Wand

دِيَوان die Gedichtsammlung

دِيَوانَه d. Thor, der Wahnsinnige

ر

رَاسْتی die Rechtschaffenheit

رانْدَن treiben

بَرْ زبان — sprechen

رَسانِیدَن gelangen lassen, bringen

— بَتَقْدِیم zur Ausführung bringen

رَستِگار frei

رَسُول der Gesandte, Prophet

رَعْد der Donner

رَفْتَن (St. رَو) gehen

رَم die Flucht

کردَن— (erschreckt) fliehen

رو das Gesicht

رُوح der Geist

رُود ein Saiteninstrument

روز der Tag

رُوزْگار die Zeit

روغَن das Fett, die Butter

روی das Gesicht; die Oberfläche; die Art und Weise; از روئ (aus dem Gesichtspunkte =), aus, gemäß, zufolge

ز

ز (mit dem folgenden Worte verbunden =) از

زبان die Zunge

زَدَن (St. زَن) schlagen

زَمان die Zeit

زَمانَه die Zeit

زَمِین die Erde

زَن die Frau

زَنْبُور die Wespe

زُود schnell

زُهْد die Enthaltsamkeit

زِهی bravo! herrlich! Ausruf der Bewunderung

زیراکه deswegen, weil

اَزْ اِین = زِاین = زِین

س

سَاحِل das Gestade

سَادِس (arab.) der sechste

سَادَه albern, einfältig, töricht, tändelnd

سَاعَت die Stunde, die Uhr

سَاقی der Schenke

سَال das Jahr

سَایَه der Schatten

سَبَب der Grund, die Ursache

سِپَار (St. سِپُردَن) übergeben

سُخَن das Wort, die Rede

سَر das Haupt

سَرَای das Haus

سَرْد kalt

سَگ der Hund

سُلْطَان der Sultan

سَوَار شُدَن der Reiter reiten

سَوَارَه das Reiten

رَفْتَن— reiten

سُؤَال die Frage

نِمُودَن— fragen (mit از کَن konstruiert)

سِیَاسَتْ die Strafgerechtigkeit

کَرْدَن— bestrafen

سِیَاه schwarz

ش

شَاهْزَادَه der Prinz, der Fürst

شَایِسْتَن sich ziemen, anstehen

شَبِسْتَان das Schlafgemach

شَبْنَم der Thau

شَجَاعَتْ die Kühnheit

شَخْص die Person

شَرْبَتْ der Trank

شَرْح die Erklärung

شَرْط die Bedingung

شَرِیعَتْ die Lehre, die Religion

شُعَرَا die Dichter (arab. Plur. von شاعِر)

شَكْ der Zweifel

کَرْدَن— zweifeln

شِكَم der Leib

شَمْس die Sonne

(شِنَاس .St) شِنَاخْتَن erkennen

(شِنَوْ .St) شَنِیدَن hören

شَهْر die Stadt

شَهْر der Monat

شُهَدَاء arab. Plural von

شَهِید der Märtyrer

شُدَن— getötet werden

شَیْخ der Scheich

شِیر der Löwe

شِیرِین süß

شُیُوخ arab. Plural von شیخ

ص

صَاحِب der Herr

صَافی rein, lauter

صَبْر die Geduld

صَبُوحی der Morgentrunk

صُحْبَت die Gesellschaft, der Umgang

صَدْر die Vorderseite

صَفا die Lauterkeit

صِفات (arabischer Plural von صِفَت) die Eigenschaft

صِفَت die Eigenschaft, das Wesen

صَلاح der rechte oder gute Zustand, die gute Ordnung, das Richtige. صَلاح دانِسْتَن für passend halten

ض

ضُحٰى die Mittagshöhe

ضَرور die Notwendigkeit

داشْتَن— nötig haben

ط

طَبْع die natürliche Anlage

طَريق die Art und Weise

طِفْل der Säugling

طَلَبيدَن fordern, rufen lassen

طَليعَت der Aufgang

فِى (arab.) in

طوفان die Überschwemmung

ظ

ظَريف witzig

ظُلْمَت die Finsternis

ظُهْر der Mittag

ع

عاشِق der Liebende

عامّ allgemein

عِتاب der Verweis

كَرْدَن— schelten

عَجْز die Schwäche, Ohnmacht

عُذْر die Entschuldigung

عَروس die Neuvermählte

عِزَّت die Macht, die Majestät

عَزيز lieb, teuer

عَطّارى das Geschäft eines Spezerei-Händlers, die Spezerei-Handlung

عَطْر der Wohlgeruch

عَظيم bedeutend, angesehen

عَقْل der Verstand

عِلْم die Wissenschaft

عَلَيْهِ الرَّحْمَه (arab.) über ihm (sei) das Erbarmen (Gottes)

عُمْر das Leben, die Lebensdauer

عَيْب der Fehler

عيد das Fest

غ

غَافِلْ unbekümmert

غُرُور die Verblendung

غَزَلِيَّت (arabifirender Plur. zu

غَزَلْ) Liebeslieder, Oden

غُلَام der Burfche, der Diener

غَلَط der Fehler

غَنِيمَتَنْ die Beute, der Gewinn

غَوَّاص der Taucher

غَيْب das Geheimnis, das
Myftifche

غَيْر das Andere

غَيْر ذَلِكَ und dergleichen

ف

فَالْ das Schickfal

اُفْتَادَنْ – فِتَادَنْ

فُرْصَتْ Gelegenheit, Muße

(فَرْمَاى und فَرْما St.) فَرْمُودن
befehlen, fagen

(فُرُوش Stamm) فِرُوخْتَن ver-
laufen

فِروخَنْدِيدن lächeln

فَرْياد der Hilferuf, das Gefchrei

فَرِيد الدين عَطَّار Name eines
berühmten perfifchen Dichters

فِرِيفْتَن täufchen, betrügen (St.
فريب)

فَضِيلَتْ die Vortrefflichkeit,
der Vorzug

فِكْر die Überlegung, das Nach-
denken

فِكْنْدَنْ (فكن St.) werfen

فُلان ein gewiffer, der und der

ق

قَاضِى der Richter

قَالْ وَقِيلْ Galimathias, ge-
lehrter Krims-Krams

قَتْل die Ermordung

قَدَح der Becher

قُدِّسَ سِرُّهُ (arab.) geheilgt fei
feine Grabftätte

قَصَائِدْ (arabifcher Plur. von
قَصِيدَه) Gedichte von größerem
Umfange

قَصْد das Streben, die Abficht
كردن – streben

قَصِيدَه ein Gedicht von größerem Umfange

قَفَسْ der Käfig

كاز die Sache

كاسه der Becher, die Tasse

كاغذ das Papier, der Brief

كافور der Kampfer

كاه das Stroh

بِه gut; besser

كاينات die lebenden Wesen

كِبريا die Größe, die Majestät

كِتاب das Buch

كِتابَت die Schrift

كُتُب arab. Plural von كِتاب

كجا wo

كرامَند bedeutend

كِهآز اُو - كزو

كَس die Person

ماهَردُوكَس wir beide

كُشتَن (St. كُش) töten

كشيدن ziehen; zeichnen (St. كَش)

كمال die Vollkommenheit

دَر كمالِ قُدرَت bei (— trotz

der Vollkommenheit der Macht
— trotz (seiner) Allmacht

كَمَربَستَه gegürtet, bereit zu

كَنار der Strand, das Ufer

كه wer? daß; denn

كى wie? wie so?

كِى هَستى - كِيستى wer
bist du?

گ

گُداختَن (St. گُداز) schmelzen

گُذَشتَن (St. گُذَر) vorbeigehen

اگَر - گَر wenn

گَردانِيدَن wenden, drehen

گَرديدَن (St. گَرد) sich drehen;
werden. — بَر — زurückkommen.

گِرفتَن (St. گير) nehmen, fassen

گَرم warm

گُشادَن (St. گُشاى) öffnen

گُفتگو die Unterhaltung, das
Zwiegespräch

گُفتَن (St. گو) und گوى sagen

گُل die Blume, die Rose

گُلبُن der Rosenstock

گُناه der Fehler, die Schuld

گُواه der Zeuge

گوش das Ohr

گوشه die Ecke, der Winkel

ل

لاف die Prahlerei

—زَدَن prahlen

لَحظه der Augenblick, der Moment

لطیف fein, mild (vom Wetter)

لَفظ das Wort

م

مادَر die Mutter

مادّه die Materie, der Stoff

مال die Habe, Reichtum

مانْدَن bleiben

مُبارَک gesegnet

مَتْرُوک unbeachtet

مُتَنَبّی einer, der sich für einen Propheten ausgiebt, ein Pseudoprophet

Persisch.

مِثْل wie

مَجْلِس die Versammlung, die Gesellschaft, das Gelage

مَجْهُول unbekannt

مُحاوَره der Sprachgebrauch

مَحَبّت die Liebe

—فَرْمودن einen Gefallen thun, die Güte haben

مَحْصُول das Resultat, der Gewinn

مُدّت der Zeitraum

مَدْرَسه die Hochschule, die Universität

مَرْتَبه die Stufe, der Rang, die Würde

مُرْتَقِی aufsteigend

مَرْدُم der Mensch, Mann

مُرْغ der Vogel

مِزاج das Temperament

مَزاح spaßhaft

مَسْت trunken

مَشایِخ arab. Plur. von شیخ

مُشْتَمِل بَر lautend auf

مَشْغُول beschäftigt

مِشْک der Moschus

8

مَشْهُور berühmt

مَصْلَحَت die Sache

مُصَنِّف der Verfasser

مُصَوِّر der Maler

مُطَالَعَه das Hineinschauen, Lesen, Studieren

نمودن — lesen

مُطْرِب der Sänger

مَع (arab.) mit, sammt

مَعَانِى (arab. Plur. von مَعْنِى) die Gedanken

مُعْتَرِف gestehend

آمَدَن — gestehen

مُعْجِزَه das Wunder

مَعْشُوق das Liebchen

مُعَطَّر parfümirt, mit Duft erfüllt

مَعْلُوم gewußt, bekannt

مَعْنِى die Sache, der Gegenstand

مُفْرَد in der Einzahl stehend, die Einzahl

مُقَرَّر bestimmt

كردن — bestimmen

مَگَر etwa?

مُلَايِم angenehm

مِلْك der Besitz

مَلِك der König

مَلُول Überdruß empfindend, überdrüssig

مَمْنُون verbunden, dankbar (mit از der Person)

مِنْ (arab.) von

مُنَازَعَت der Streit

كردن — streiten

مَنْسُوب bezogen

كردن — beziehen auf

مَنْطِق das Gespräch

مِنْقَار der Schnabel

زَدَن — picken

مُوَافِق gemäß, entsprechend (mit folg. Gen.)

مَوْج die Welle, die Woge

مَوْجْزَن wellenschlagend

مُوجِب die Ursache

مور Ameise

مَوْسِم die Jahreszeit

مُؤْمِن der Gläubige

مِهْلَت Frist, Aufschub

مِهْمَان der Gast

مَى der Wein

ن

نَارَاسْتِى Unredlichkeit

نَاگَاه plötzlich

نَام der Name

نَامُنْتَهَا endlos

نان das Brot

نُبُوَّت die Prophetenwürde

نَحْو die Grammatik, die Syntax

نَدِيم der Tafelgenosse

نَزْد bei, nahe bei, hin zu

نَزْدِيك nahe; angemessen

(نُسَخَت) (arab. Plur. v. نُسَخْ) die Handschrift

نِشَسْتَن (St. نشين) sich setzen

نِشَسْتَن von نِشِينِيد

نَصِيحَت der Rat, d. Warnung

نَظْم die Poesie

نَفْى die Negation; die Unterdrückung

نَقْد bare Bezahlung, Bargeld

كردن— zu Bargeld machen (eine Anweisung)

نَقْش die Malerei

نمودن— malen

نِيكو siehe نِيكو

نِگاه der Blick

نِگَرِسْتَن (St. نِگَر) blicken, hinschauen

نِمُودَن zeigen; scheinen; machen

نَوَا die Stimme, die Melodie

نُور das Licht

نُوش der Trank

نِوِشْتَن (St. نُوِيس) schreiben

نَه nicht

نَه—وَنَه weder—noch

نِهَاد das Gemüt

نِهادَن (St. نِه) stellen, legen, setzen

نِهَايَت das Äußerste

نِيز auch

نِيكُو gut

نِيم halb, die Hälfte

و

هَرْچِه alles, was

هَرْدو beide

هَرْكَس ein jeder

هَرْكِه wer auch immer. نَامِ هَرْكِه weſſen Namen auch immer

هَرْگَاه wann auch immer

هَمَان derselbe

هَمْچِنِین so, auf diese Weise

هَمْچو so

هَمَه all, jeder

هَمِیشَه immer

هَمِین nur

هَنْگَام die Zeit

هُوَ er (arab.)

هَوا die Luft, das Wetter

هَوشْمَند klug

هِیچ nichts

هِیچْکَس niemand

و

وَجْه der Schein (Papier)

وَحْدَت die Einheit

وَفَات der Tod

وَفَادَارِی die Treue

وَقْت die Zeit; وَقْتِیکِه zur Zeit als, als, wenn; هَرْوَقْت welche Zeit auch immer

وِلَادَت die Geburt

وَلِیکِن aber

ی

یَار der Freund

یَافْتَن (یاب St.) finden

یَقِین die Gewißheit

Syſtematiſches Deutſch-Perſiſches Wörterbuch.

1. Die Stadt.

Die Stadt[1]* مَدِينَه pl.[2] مُدُنٌ
— شَهْر — بَلَد —

das Dorf pl. دِه دِهَات

der Flecken* قَرْيَه pl. قُرَى
قَصَبَه*

das Viertel* مَحَلَّه pl.
مَحَالّ

das Thor — دَرْوَازَه — دَرْ
— بَابٌ pl. اَبْوَابٌ *

die Mauer[3] دِيوَارْ

der Graben* خَنْدَق

die Straße كُوچَه

der Platz* مَيْدَانْ

der Markt — چَارْسُو — بَازَارْ
سُوقٌ pl. اَسْوَاقٌ * —

die Brücke پُل

die Laterne فَانُوس

das Schloß, der Palaſt سَرَاىْ
بَارْگَاهُ — قَصْر*

das Rathaus, das Gerichtshaus
مَحْكَمَه*

---

[1]) Die Hauptſtadt, die Reſidenz پَاىِ تَخْت — دَارُ الْمُلْك* — مُسْتَقَرُّ السَّلْطَنَه*.

[2]) ben arabiſchen Wörtern ſind, wo es nötig erſchien, die nach arabiſcher Weiſe gebildeten Plurale beigeſetzt; letztere ſind bezeichnet durch ein vorgeſetztes pl.

[3]) der Thurm* بُرْج.

das Gasthaus* — خَان — رِبَاطْ

das Weinhaus مَیْخَانَه

das Krankenhaus بِیمَارْخَانَه

بِیمَارِسْتَانْ — دَارُ الشِّفَا*

das Postgebäude مَنْزِلْتَخَانَه

die Schule مَكْتَبْ pl. مَكَاتِبْ

die Universität* — دَارُ الْغُنُونْ*

مَدَارِسْ pl. مَدْرَسَه*

das Zollhaus كُمْرُكْخَانَه

das Gefängnis — زِنْدَانْ

حَبْسْ* — مَحْبَسْ*

die Moschee [1] مَسْجِدْ pl.

جَامِعْ pl. — مَسَاجِدْ

جَوَامِعْ

die Kirche [2] كِلِیسَه

die Synagoge بِیعَه*

das Denkmal* عِمَارَه* — بَرْكُذَارْ

آثَارْ pl. أَثَرْ*

der Brunnen چَاهْ — بِیرْ*

die Säule* عَمُودْ pl. عَوَامِیدْ

سُتُونْ —

der Kirchhof مَزَارِسْتَانْ

قَبْرِسْتَانْ — گُورِسْتَانْ

2. Das Haus.

Das Haus خَانَه — مَنْزِلْ*

das Gebäude [3] عِمَارَتْ* — بِنَا*

bauen عِمَارَتْ كَرْدَن — بِنَا كَرْدَن

das Dach [4] بَامْ — سَقْفْ*

die Wetterfahne بَادْنُمَا

---

[1] der Thurm مِنَارَه*.

[2] der Thurm قُلَّه*; die Glocke نَاقُوسْ*.

[3] das Fundament أَسَاسْ*, بُنْیَاد; die Mauer دِیوَارْ; der Kamin بَادْكِیر, بَادْهَنْج — أُوجَاقْ, بُخَارِی*; Luftkamin.

[4] flaches Dach پُشْت بَامْ.

er Balken تِیر — دِرَك

die Haustür ¹) دَر — دَرْگَاه

der Thorweg دَرْوَازَه

die Vorhalle دِهْلِیز — پِیشْگَاه

die Treppe پِلَّه — نَرْدُبَان

die Stufe پَایَه

Hinauffteigen بَالَا رَفْتَنْ

Hinunterfteigen پَائِینْ ob. فُرُودْ
نَازِلْ شُدَنْ — آمَدَنْ

das Stodwerf* طَبَقْ — مَرْتَبَه*

das Zimmer* اُوطَاقْ — حُجْرَه*

die Schwelle آسْتَانَه

das Fenster پَنْجَرَه

das Obergemach بَالَاخَانَه

das Männergemach بِیرُونْ

die Frauengemächer آنْدَرُونْ
— حَرَمْ*

die Küche مَطْبَخْ* — آشْپَزْخَانَه

der Keller شَرَابْخَانَه —
زِیرُ زَمِینْ

der Hof حَوْشْ* pl. حِیشَانْ —
حِیَاطْ

die Cisterne آبْ اَنْبَارْ

der Garten بَاغْ — بُوسْتَانْ

das Gärtchen بَاغْچَه

der Pavillon کُوشْكْ

das Bassin حَوْضْ*

die Fontäne چَشْمَه

die Wohnung مَنْزِلْ*

wohnen مَنْزِلْ دَاشْتَنْ

mieten کِرَایَتْ* کَرْدَنْ

vermieten کِرَایَتْ دَادَنْ

die Eigentümer مَالِكْ*
— صَاحِبْ*

der Fußboden کَفِ اُوطَاقْ

die Wand حَائِطْ* oder حَیْطْ
pl. حِیطَانْ

die Thür دَرْ

<hr>

¹) der Pförtner حُجّجَابْ pl. حَاجِبْ* — بَوَّابْ* — دَرْبَانْ دَسْتِگَاه.

3. Möbel und Geräte.

Möbel	اثَاثْ* – اثَاثُ البَيْتِ
der Tisch [1]	مِيزْ – خوانْ
	مَائِدَه* – سُفْرَه*
der Stuhl	سَنْدَلي*
der Teppich [2]	فَرْش – بِسَاطْ
die Strohmatte	بُورِبَا
der Spiegel	آيِنَه
das Bett	رَخْتِ خوابْ –
	بِسْتَرْ
zu Bett gehen	بَرَخْتِ خوابْ
	خوابِيدَنْ – رَفْتَنْ
aufstehen	بَرْخَاسْتَنْ
	پَا شُدَنْ –
die Matratze	دُوشَكْ
die Bettdecke	لَحَافْ*
das Kissen	بَالِينْ
der Vorhang	پَرْدَه – حِجَابْ*

das Gemälde	تَصْوِيرْ*
pl. صُوَرْ	صُورَتْ*
der Leuchter	شَمْعُدَانْ – چِرَاغْ
	چِرَاغْدَانْ
die Kerze	شَمْعْ* كَافُوري
das (Thür-)Schloß	قُفْل*
der Schlüssel	كِلِيدْ – اِقْلِيدْ
	اَنْبُخْتَارْ – مِفْتَاحْ*
das Waschbecken	لَگَنْ
die Wasserflasche	تُنُكْ
sich waschen	شُسْتَنْ
die Seife	صَابُونْ
das Handtuch	دَسْتُمَالْ –
	رُومَالْ
abtrocknen	تَمِيزْ كَرْدَنْ
das Bad [3]	حَمَّامْ*
sich baden	آبْتَنِي كَرْدَنْ

---

[1] rund – گِرْد; viereckig* مُرَبَّعْ* – مُدَوَّرْ*; چَهَارْكُوشَه

[2] fein und gemustert, aus Farahan: قَالِي; feiner Flanellteppich پَتُو; ungemustert گِلِيمْ

[3] das Fußbad پَاشُويَه.

der Kamm شانه

die Bürste* فُرْشه

reinigen پاک کردن

der Besen جاروب

auskehren جاروب کردن

die Küche آشپز خانه — مطبخ*

der Koch آشپز

der Topf دیک

der Kessel* مِرْجَل .pl مَرَاجِل

der Dreifuß دیکدان — سِپا

der Bratspieß سیخ

der Mörser* هاوَن

der Korb زَنْبیل

die Flasche شیشه

das Glas پیاله — اِسْتَکان

der Krug کُوزه — آفتابه

die Schale کاسه — طاسه

die Kanne* اِبْریق

das Gefäß* ظَرْف

der Milchtopf شیردان

der Teller بُشْقاب

die Schüssel* طَبَق

Porzellan چینی — فَغْفُور — کُمی

Fayence کاشی

die Tasse* فِنْجان

das Kaffeebrett قَهْوَه سینی

das Salzfaß نَمَکْدان

das Messer کارْد

die Gabel چَنْگال

der Löffel قاشِق

der Herd اوجاق

das Brennholz هِیزْم — حَطَب* — هیمَه

Zündhölzer کِبْریت

die Schaufel پارُو — خاک اَنْداز

die Kohle زُغال — فَحْم*

die Glut اَخْگَر

die Asche خاکِسْتَر

der Waschtrog طَشْت

die Scheere* مِقْراض — مِقَصّ — قَیْچی

die Nadel سُوزَن — اِبْرَه*

die Stecknadel سُنْجاق

der Faden رِيسُمَان
der Zwirn رِشْتَه
Seide اِبرِيشِم
Wolle پَشِم
nähen دُوخْتَن

4. Essen und Trinken.

Die Nahrung خُورَاكْ — قوت*
قَضَا* — غِذَا* — طَعَام*
ernähren خُورَاكْ دَادَن
— پَرْوَرْدَنْ —
essen (spr. chúrdan) خَوُرْدَنْ
die Suppe آش — شُورْبَا
das Fleisch ثُوشْت — لَحْم*
die Fleischbrühe آب ثُوشْت
der Braten كَبَابْ*
braten بِرْيَانْ كردن — كَبَابْ كردن
gebraten بِرْيَانْ
das Rindfleisch ثُوشْتِ نَّاوْ
das Kalbfleisch ثُوشْتِ ثُوسَالَه
Wildpret شِكَارْ
Geflügel مُرْغ

Fisch* مَاهِی — سَمَكْ
das Gemüse سَبْزَوَات
der Eierkuchen نِيمْرُو
das Ei تُخْم مُرْغ — بَيْضَه*
das Brot نَانْ — خُبْز* — جُورَكْ*
das Zubrot خُورِشْ
die Butter رُوغَنْ — سَمَنْ*
der Käse پَنِيرْ
Biskuit بَقْسُومَات
Konfekt حَلْوَا* — نُقْل*
Eingemachtes* مُرَبَّی
der Reis بِرِنْجْ
mit Fleisch پِلَاوْ
mit Zukost چِلَاوْ
das Frühstück چَاشْت — نَهَارْ
frühstücken نَهَارْ يَاچَاشْت خَوُرْدَنْ
das Vesperbrot عَصْرَانَه
das Abendessen شَامْ
zu Abend essen (die Haupt-
mahlzeit) شَامْ خَوُرْدَنْ
das Salz نَمَكْ
der Pfeffer فُلْفُل
der Senf خَرْدَلْ

der Effig* سِرْكَه

das Baumöl رُوغَنِ زَيْتُونْ

Oliven زَيْتُونْ

der Zimmet دَارْچِينْ

die Muslatnuß* جَوْزِ بَوَّاءْ

der Zucker شَكَرْ

der Honig* اَنْگُبِينْ – عَسَلْ* – شَهْد –

Gefrorenes – يَخْ بَسْتَنِى

das Getränk* شُرْبَتْ

trinken خُورْدَنْ

einschenken رِيخْتَنْ

Kaffee* قَهْوَه

Thee چَاىْ

Milch شِيرْ

Sauermilch مَاسْت

Rahm* سَرْشِيرْ – زُبْدَه*

Wein* مَىْ – شَرَابْ*

der Most شِيرَه

das Bier آبْ جَوْ

Limonade* شُرْبَتْ

Citronensaft آبْ لِيمُونْ

Liqueur مَرَقْ – عَرَقِى

5. Die Kleidung.

Die Kleidung لِبَاسْ* – رَخْت

das Kleid pl. اَثْواب* ثُوبْ oder ثِيَاب

ankleiden رَخْت يا لِبَاس پُوشَانْدَنْ

sich ankleiden رَخْت پُوشِيدَنْ

sich auskleiden لِبَاس بَرْدَاشْتَنْ

der Rock قَبَا

der Mantel
der Überrock } بَالَاپُوش

der Kragen – يَقَا – يَخَه – گِرِيبَانْ

der Ärmel آسْتِينْ

das Futter اَسْتَارْ

die Tasche* جَيْب

der Pelz پُوسْتِينْ – پُوسْتِينَه – وَشَقْ – كُرْك

das Oberkleid جَامَه

die Tunika* جُبّه* – چُوحَا

der Gürtel كَمَرْ – كَمَرْبَنْد

die Hosen شَلْوَارْ

der Knopf تُكْمَه – دُكْمَه

das Hemb پيراهَنْ

der Schuh كَفْش

der Stiefel چَكْمَه

das Leder چَرْم

der Hut, Mütze كُلَاه

die Nachtmütze شَبْ‌كُلَاه

der Turban* دَسْتَارْ ـ عَمَامَه

der Shawl* شَال pl. شِيلَانْ

der Handschuh دَسْتْكَش

die Taschenuhr* سَاعَتْ

das Zifferblatt صَفْحَهِ سَاعَتْ

der Zeiger* عَقْرَبَه

die Brille عَيْنَكْ

das Fernrohr دُورْبِين

die Brieftasche جُزْوَكَش

die Börse كِيسَه

das Portemonnaie كَيْفِ پُول

der Spazierstock چُوب

die Pfeife چُبُوق ـ غَلْيَانْ

rauchen غَلْيَانْ كَشِيدَنْ

ـ تُوتُونْ كَشِيدَنْ

ـ كَشِيدَنْ

der Tabak (für das Nargileh:) تَنْبَاكُو

(zur Zigarrette:) تُوتُنْ

die Schnupftabaksbose اُنْفِيَه‌دَانْ

Frauenkleider رَخْتِ زَنَانَه

das Band* حَمَايِلْ

der Knoten گِرَه

der Schleier* چَادَر ـ نِقَابْ

der Kamm شَانَه

kämmen شَانَه كَرْدَن

sich kämmen زُلْفْ خُودْرَا شَانَه ك

der Ohrring گُوشْوَارَه

das Armband بَازُوبَنْد

der Fußschmuck خَلْخَال

der Ring اَنْگُشْتَرْ

der Sonnenschirm سَايَه‌بَانْ

der Regenschirm چَتْر

der Wäscher جَامَه‌شُورْ

der Strumpf جُورَابْ

das Taschentuch دَسْتْمَالْ

sich schnäuzen دَمَاغْ گِرِفْتَن

6. Der menschliche Körper.

Der Körper * — تَن — بَدَنْ * جِسْم *

der Kopf [1] — سَرْ — رَاْس * — كَلّه *

das Haar * مُو — مُوی — شَعْر *

das Stirnhaar * نَاصِیَه

der Scheitel كَلّه سَرْ

das Gehirn دِمَاغْ

das Gesicht رُو — رُوی — رُخْ — وُجُوه pl. — وَجْه *

die Stirn * پِیشَانِی — جَبِین * — جَهْبَه *

das Auge * چَشْم — عَیْن * عُیُونْ pl.

Der Augapfel * حَدَقَةُ الْعَیْنْ *

die Augenbraue أَبْرُو — حَاجِبُ الْعَیْنْ *

die Augenwimpern مُژَگَان (sing. مُژَه)

das Augenlid جَفْنْ pl. جُفُونْ *

die Nase * اَنْف — بِینِی

die Backe, Wange رُخْسَارْ — عَارِضْ * — خُدُودْ pl. خَدّ *

die Schläfe صُدْغْ pl. أَصْدَاغْ

die Schläfen (arab. Dual) صُدْغَانْ

das Ohr اُذُنْ pl. آذْنَانْ — گُوشْ

der Mund * دَهَنْ — دَهَانْ — فَمْ *

die Lippe لَبْ — شِفَاهْ pl. شَفَه *

die Zunge * زَبَانْ — لِسَانْ *

der Gaumen كَامْ — دِمَاغْ *

der Zahn * سِنْ pl. أَسْنَانْ — دَنْدَانْ

kauen جَاوِیدَنْ

das Zahnfleisch لِثَه — گُوشْتِ دَنْدَانْ

der Speichel * تُفْ — تُفْل *

das Kinn زَنَخْ — زَنَخْدَانْ

der Bart * رِیشْ — ذَقَنْ * — لِحْیَه *

---

[1] der Schädel جُمْجُمَه pl. جَمَاجِمْ — قِحْف pl. أَقْحَافْ

der Schnurrbart*	شَوَارِبْ
der Hals*	كَرْدَنْ — رَقَبَه
die Kehle	حَلْق
die Schulter* pl. اَكْتَافْ كِتْف	— دُوشْ
das Schulterblatt	شَانَه
der Arm* pl. اَذْرُعْ ذِرَاعْ	بَازُو—
der Ellbogen* pl. اَكْوَاعْ كُوعْ	— مَرَافِقْ مِرْفَقْ* — كِيعَانْ ob.
die Hand — دَسْت — پَنْجَه	اَيَادِى pl. يَدْ
die Handfläche*	كَفّ
der Finger	اَنْگُشْت
der Nagel نَاخُنْ — چَنْگ	— اَظْفَارْ pl. ظِفْر
die Faust	مُشْت
eine Handvoll	— مُشْت قَبْضَه*
das Handgelenk* pl. سَاعِدْ	سَوَاعِد — سَرْدَسْت
der Rücken	ظَهْر* — پُشْت

die Hüfte } die Seite }	پَهْلُو — جَنْب جُنُوبْ pl. جَانِبْ
die Rippe* pl. ضُلُوعْ ضِلْع	
die Wirbelsäule* صُلْب — صَلَبْ — مَازَاتْ	
die Brust — بَرْ — سِينَه صُدور pl. صَدْر*	
der Leib, Bauch*	شِكَمْ — بَطْن
der Nabel	نَاف — سُرَّه*
das Bein	پَا
der Schenkel* pl. اَفْخَاذْ فَخِذ — رَانْ	
das Knie*	زَانُو — رُكْبَه
die Wade	پَاچَه
der Fuß* pl. اَرْجُلْ رِجْل — پَا(پَاى) — اَقْدَامْ pl. قَدَمْ*	
die Zehen پَا	اَنْگُشْتِ
die Ferse*	پَى — عَقِبْ
gehen	رَفْتَنْ
laufen	دَوِيدَنْ
der Schritt	گَامْ
das Glied	عُضُوْ*

die Haut — جِلد پوسْت	der Schweiß * — رَشْح * عَرَق
der Knochen اُسْتُخوانْ	schwitzen عَرَق كردن
pl. عِظام * عَظْم *	das Niesen * عَطْسَه
das Fleisch [1] لَحْم * كُوشْت	niesen عَطْسَه كردن
der Nerv عَصَب pl. عَصَبَه *	die Thräne اِشْك
die Sehne ob. اَعْضاب *	weinen كِرْيَه كردن —
das Blut — دَمْ خُونْ	كِرِيسْتن
die Ader رَگْ	die Gesichtsfarbe رَنْگِ رُو
die Arterie رَگِ جَهَنْدَه	die Miene * حالَت — رُوى
der Puls نَبْض *	die Blässe رَنْگِ پَرِيدَه
die Eingeweide * اَحْشا — رُودَه	blaß, bleich زَرْد
اَمْعا * —	die Stärke * قُوَّت — زُور
das Herz pl. قُلُوبْ قَلْب * — بَرْ	stark قَوِى — بازُور
دِلْ —	die Schwäche * عَجْز — ضُعْف *
die Lunge رِگَه — شُشْ سُلّ *	schwach بِى — ضَعِيف *
der Athem نَفَسْ *	قُوَّت
athmen نَفَس كِشِيدَن	die Müdigkeit خَسْتَگِى
die Milz طِحال *	müde خَسْتَه
der Magen حُوصَلَه — مِعْدَه *	der Schlaf * نَوْم — خَوابْ
die Leber تَبِيد * — جِگَرْ	schlafen خَواب كردن —
die Gallenblase, Galle * زَهْرَه	خُفْتَن — خَوابِيدَن

---

[1] die Muskel * عَضَلَه; das Fett — دَسَم شَحْم *.

träumen بِخْواب دِيـدَنْ	das Befinden* حَالْ*—مِزَاجْ*
خْوابْ—دَرْخْوابْ دِيدَنْ	اَحْوالْ*
دِيدَنْ	die Krankheit بِيـمَـارِى —
der Traum خْوابْ	نَاخُوشِى — مَرَضْ*—عِلَّت*
das Traumgesicht* رُويَا*	دَاءْ* —
	krank بِيمَارْ — نَاخُوشْ —
7. Krankheiten.	عَلِيلْ* — مَرِيضْ*
Das Leben* حَيَات*—عُمْر* —	das Kopfweh دَرْدِ سَرْ
زِنْدَگَانِى	ich habe Kopfschmerzen: سَرِ
lebend زِنْدَه	مَنْ دَرْد مِيكُنَدْ
leben زِيسْتَنْ — زِنْدَگَانِى	das Zahnweh دَرْدِ دَنْدانْ
كَرْدَنْ	ich habe Zahnweh: دَنْدانِ
der Tod* مَرْكْ — وَفَاتْ*	مَنْ دَرْد مِيكُنَدْ
sterben مُرْدَنْ	ein verdorbener Magen }
tot مُرْدَه	ein Diätfehler
begraben دَفْن* كَرْدَنْ	نَاپَرْهِيزِى
das Grab [1] قَبْر* pl. قُبُورْ —	die Erkältung زُكَامْ* — نَزْلَه*
كُور	sich erkälten سَرْمَا خْوَرْدَنْ
der Kirchhof قَبْرِسْتانْ	der Husten سُرْفَه* — سُلْفَه*
die Gesundheit* عَافِيَتْ*	der Schnupfen زُكَامْ*
gesund سَالِمْ* — تَنْ دُرُسْت	das Leibschneiden دَرْدِ شِكَمْ
	— قُولِنْج

---

[1] قُدِّسَ سِرُّه „geheiligt sei sein Grab", häufig vorkommender arabischer Zusatz zum Namen berühmter Männer.

das Erbrechen — اِسْتِفْرَاغْ — قَیْ

sich erbrechen قَیْ کردن

das Fieber * حُمَّی — تَبْ

das Wechselfieber تَبِ لَرْز

das Scharlachfieber * مَخْمَلَك

die Masern سُرْخَجه — سُرْخَك

die Pocken ¹⁾ جَدْری — آبْله

impfen آبْله کُوبِیدَنْ

die Schwindsucht * سِلّ

die Lungenentzündung ذَاتُ الرِّیَّه *

Elefantiasis دَاءُ الْفِیلْ

Ruhr * دَمِ اِسْهَالِ

Hämorrhoiden بَوَاسِیرْ

Herzklopfen * خَفَقَانُ الْقَلْبْ

die Gicht * نِقْرِسْ — نَقْرَسْ

der Krebs سَرَطَانْ * — آکِله

der graue Staar نُزُولِ آبْ رِیشَهْ *

der schwarze Staar * غَشَاوَتْ

die Seuche طَاعُونْ *

der Schwindel سَرْگِرْدْ — سَرْگِیجِچه

die Ohnmacht * بِیهُوشِی — غَشْ

in Ohnmacht fallen بِیخُودْ شُدَنْ — غَشْ کردن

die Wunde زَخْم

verwunden زَخْم کردن

der Arzt طَبِیبْ * pl. اَطِبَّاء — حَکِیمْ * pl. حُکَمَاء

der Augenarzt * کَحَّالْ

der Chirurg شِکَسْته بَنْدْ — جَرَّاحْ *

der Tierarzt, der Kurpfuscher بَیْطَارْ *

die Heilkunde * عِلْمُ الطِّبْ — طِبّ *

die ärztliche Thätigkeit * طِبَابَه

die Therapie عِلَاجْ *

die Tierheilkunde * بَیْطَارِی

die Hebamme مَامَا — قَابِلَه *

der Apotheker عَطَّارْ *

---

¹⁾ Pockennarbig آبْلهرُو.

Persisch.

9

die Apotheke *1)	مَعْجَكَمَه
die Arzenei	دَوَا* pl. اَدْوِیَه
das Mittel —	مُعَالَجَه*
pl.	مُعَالَجَات* — دَرْمَانْ
die Heilung	عِلاجٌ*
heilen	عِلاج کردن
Besuch (eines Arztes)	عِیَادَتْ*
Honorar	طَرَف
die Essenz	جَوْهَرْ*
das Abführmittel	مُسْهِلْ* — کَازُکُنْ
den Puls fühlen	نَبْض دِیدَنْ
der Aderlaß	فَصْد* — فَصَّادَتْ*
die Massage	دَلْک
Mineralwasser	آب مَعْدِنْ*
Rizinusöl	رُوغَنِ کَرْچَکْ
Aloe	صَبِرْ*
das Amulett	مُهْرَه*
das Gebrechen	عِلَّتْ*
blind	کُورْ
die Blindheit	کُوری

taub *	کَرْ — اَصَمّْ*
stumm	لال — گُنْگ — بِی زَبَانْ
hinken	لَنْگِیدَنْ
lahm	لَنْگ
der Krüppel *	چُلاق — اَشَلّْ* — کَلّْ* —
bucklig	کُوزْ پُشْت

8. Religion und Gottesdienst.

Die Religion	دِینْ* — مَذْهَبْ*
die Sekte	مَذْهَبْ* — مِلَّتْ*
der Christ pl. نَصَارَی	نَصْرَانِی*
christlich	عِیسَوِی* — مَسِیحِی*
Gott	خُدَا (خُدَای)
	خُدَاوَنْدْ* آللهْ* — اَلرَّبّْ*
	— اَلرَّحْمَنْ* — حَقّْ* —
	اِلهْ* — اِیزَدْ — یَزْدَانْ —
	کِرْدْگَار
der Schöpfer	— جِهَان آفَرِینْ*
	خَالِقْ* — آفَرِیدْگَار
	خَلّاقِ اَرْضْ وَسَمَا*

---

1) auch اَجْزَاچِی* und صَیْدَلانِی* pl. صَیَادِلَه.

schaffen	آفرِيدَن
die Schöpfung	خَلْق* —
	مَتْخَلُوقَات*
der heilige Geist	رُوحُ الْقُدُس*
Christus	عِيسَى — الْمَسِيح*
das Evangelium	إِنْجِيل*
das alte Testament	تُورَاة*
das Paradies	بِهِشْت
	جَنَّت* — فِرْدَوْس
die Hölle	دُوزَخْ — جَهَنَّم*
das Fegefeuer	إِعْرَاف*
der Engel	pl. مَلَك* مَلَائِكَه فِرِشْتَه
der Erzengel Gabriel	سُرُوش
die Seligen	أَهَالِي جَنَّت*
der Heilige	pl. وَلِيَّ اللّٰه* أَوْلِيَا
der Teufel	شَيْطَان* — إِبْلِيس*
	— عِفْرِيت* —
der Prophet	پَيْغَمْبَرْ — نَبِى* رَسُول*
der Apostel	pl. رُسُل — رَسُول
die Jünger Christi	الْحَوَارِيُّون*
die Kirche	كِلِيسَا — كِلِسَه

der Bischof	pl. أُسْقُف* أَسَاقِفَه*
der Priester	قِسِّيس*
der Prediger	وَاعِظ*
die Predigt	وَعْظ*
das Gebet	نَمَاز* — دُعَا*
beten	دُعَا كَرْدَن
der Muhammedaner	مُسْلِم* — مُسُلْمَان
der Koran	قُرْآن* — الْكِتَاب*
das Mysterium pl.	أَسْرَار* سِرّ* غَيْب* —
der Dämon	دِيو — جِنّ* عِفْرِيت*
die Fee	پَرِى
die Moschee	
(große) pl.	جَوَامِع جَامِع*
(kleine) pl.	مَسْجِد* مَسَاجِد
der Priester pl.	أَئِمَّه إِمَام*
der Jude	يَهُودِى
der Ungläubige pl.	كُفَّار كَافِر*
der Renegat	مُرْتَدّ*
der Götzendiener, Polytheist	مُنْشِرِكِى*

9*

9. Die Zeit.

Die Zeit* وَقْت pl. اَوْقَات —

زَمَان* pl. اَزْمِنه — هَنْگَام*

رُوزْگَار* — گَاه —

ich habe keine Zeit* فُرْصَت*

وَقْتَم تَنْگْ شُد — نَدَارَمْ

die Gegenwart* زَمَانِ حَال*

die Vergangenheit* زَمَانِ مَاضِى*

اَيَّام* گُذَشْته* —

vergehen (Zeit) گُذَشْتَن

die Zukunft وَقْتِ آيَنْده —

مُسْتَقْبِل*

das Jahrhundert* pl. قَرْن قُرُون*

دَهْر* — عَصْر* — دُور* —

die Ewigkeit* اَزَل* — جَاوِيد —

اَزَلِيَّت* — اَبَد* —

اَبَدِيَّت*

der Anfang* آغَاز — اَوَّل

اِبْتِدَاء* — بَدَايَت* —

شُرُوعٌ* —

die Mitte وَسَط* — مِيَان*

das Ende نِهَايَت* — آخِر*

مُنْتَهَا* — اِنْتِهَا* —

فَرْجَام* — عَاقِبَت* —

خَتْم* — خَاتِمَت* —

اَنْجَام* —

das Jahr سَنَه* — سَال*

Sonnenjahr* سَالِ شَمْسِى*

Mondjahr* سَالِ قَمَرِى*

Schaltjahr* سَالِ كَبِيسَه*

vergangenes Jahr پَارْسَال* —

سَالِ گُذَشْته

nächstes Jahr سَالِ آيَنْده

der Monat مَاه — شَهْر*

pl. اَشْهُر يا شُهُور*

Monatsanfang* غُرَّه*

Monatsschluß* سَلْخ*

die Namen der Monate

Januar رَجَبْ* (abgek.) ب

Februar* شَعْبَان* „ ش

März رَمَضَان* „ ن

April	شَوَّالْ* (abgek.) ل
Mai	ذِى ٱلْقَعْدَه* ذا „
Juni	ذِى ٱلْحِجَّه* ذ „
Juli	مُحَرَّمٌ* م „
Aug.	صَفَرٌ* ص „
Sept.	رَبِيعُ ٱلْاَوَّلُ* را „
Ott.	رَبِيعُ ٱلْآخِرُ* ر „
Nov.*	جَمَادِى ٱلْاَوَّلُ جا „
Dez.	جَمَادِى ٱلْآخِرُ* ج „
die Woche*	هَفْتَه – اُسْبُوعٌ
der Tag	رُوزُ – اَيَّامٌ .pl يَوْمٌ – نَهَارٌ –

die Tage der Woche:

Sonntag	oder يَكُ شَنْبَه / يَوْمُ ٱلْاَحَدُ*
Montag	oder دُو شَنْبَه / يَوْمُ ٱلْاِثْنَيْنِ*
Dienstag	oder سِه شَنْبَه / يَوْمُ ٱلثَّلَاثَه*
Mittwoch	oder چَهَارْ شَنْبَه / يَوْمُ ٱلْاَرْبَعَه*
Donnerstag	oder پَنْج شَنْبَه / يَوْمُ ٱلْخَمِيسُ*
Freitag	oder جُمْعَتُ* / يَوْمُ ٱلْجُمْعَه*
Sonnabend	oder شَنْبَه / يَوْمُ ٱلسَّبْتُ*
die Nacht*	شَبُ – لَيْل
die Mitternacht	نِيمْشَبُ – نِصْفٍ* شَبُ
der Morgen*	صَبَاحٌ* – صُبْح
das Morgengrauen	سَفِيدَةً صُبْحِ دَمْ – صُبْح
das Morgenrot	سَحَرُ* – فَجْرُ
heller Vormittag	ضُحَا*
der Mittag	نِصْفٍ – ظُهْرُ* نِيمْرُوزٌ – نَهَارٌ*
der Nachmittag	عَصْرُ*
der Abend	سَرْشَبُ – شَامٌ* عِشَا* – مَسَا*
guten Tag [1]	سَلَامٌ عَلَيْكُمْ*

---

[1] eigentlich: Heil über Euch (arab.).

heute اِمْرُوز

gestern دِيرُوز

vorgestern پَرِيرُوز

morgen فَرْدَا

übermorgen پَس فَرْدَا

die Stunde ساعَتْ

halbe Stunde نِيمْ ساعَتْ

Viertelstunde يك رُبع ساعَتْ

die Minute دَقِيقَه

die Sekunde ثانِيَتْ

der Augenblick — دَمْ — آنْ

der Moment حِينْ pl. أَحْيانْ

die Uhr ساعَتْ

die Kette زَنْجِير

der Schlüssel كَلِيدْ

vorgehen تُنْد

nachgehen كُنْد بودن

aufziehen كُوكْ كردن

stehen ايستاده بودن

10. Das Weltall.

Die Welt — جِهانْ — دُنْيا عَالَمْ

die Natur طَبِيعَتْ

natürlich طَبِيعِى — ذاتِى

der Himmel فَلَكْ pl. أَفْلاكْ

pl. سَمَا — آسْمانْ — گَرْدُونْ — سَمَاوَاتْ سِپِهْر

der Fixstern ثابِتَه pl. ثَوَابِتْ

der Planet سَيَّارَه

der Komet ذُو ذُؤابَه

die Sonne آفْتابْ — شَمْسْ مِهْر — خُورْشِيدْ —

der Aufgang طُلُوعْ

aufgehen بَرْ آمَدَنْ

der Untergang غُرُوبْ

der Schatten سَايَه

die Sonnenfinsternis كُسُوفْ الشَّمْسْ

der Mond ماهْ — قَمَرْ

Vollmond بَدْرْ

Neumond هِلالْ

Mondschein ماهْتَاب

die Mondfinsternis خُسُوفُ اَلْقَمَرُ

der Stern سِتَاره — اَخْتَرُ

pl. كَوَاكِبُ كَوْكَبُ —

pl. نُجُومُ نَجْمُ —

Sternschnuppen رُجُمُ

Glücksstern طَالِعُ

die Milchstraße مَجَرَّهُ — طَرِيقِ اَللَّبَّانَه

Zeichen des Tierkreises بُرُوجِ سَمَا

Widder بُرْجِ حَمَلُ

Stier نَوْرُ "

Zwillinge جَوْزا "

Krebs سَرَطانُ "

Löwe اَسَدُ "

Jungfrau سُنْبُلَه "

Wage مِيزَانُ "

Skorpion عَقْرَبُ "

Schütze قَوْسُ "

Steinbock جَدِي "

Wassermann دَلْو "

Fische حُوتُ "

Merkur عطارِدُ — تِيرِ فَلَكْ

Venus نَاهِيد — زُهَرَه

Mars بَهْرَام — مِرِّيخُ

Jupiter بِرُجِيسْ مُشْتَرِى —

Saturn كَيْوَان — زُحَلُ

der Polarstern قُطْب

der große Bär دُبِّ اَكْبَرُ

der kleine Bär دُبِّ اَصْغَرُ

die Plejaden ثُرَيَّا

der Osten شَرْق — مَشْرِقُ

der Süden جَنُوبُ

der Westen غَرْب — مَغْرِبُ

der Norden شَمَالُ

die Boussole قُطْبْ نُما

11. Das Wetter.

Die Luft هَوَا

das Feuer آتَش — نَارُ آذَرُ

die Flamme شُعْلَه — زَبَانَه

brennen سُوخْتَنْ

der Funke شَرَاره

der Sturm بَادِ عَاصِفْ

der Wind بَادْ – رِیَاحْ pl. رِیحْ*

der Wind hat sich gedreht بَادْ

اَزْ سَمْتِ دِیگَرْ وَزِیدَنْ گِرِفْت

es ist Nordwind بَادْ اَزْ سَمْتِ شِمَالْ مِیوَزَدْ

der Nebel ضَبَابْ*

der Regen بَارَانْ – مَطَرْ*

es regnet بَارَانْ (مِیبَارَدْ³)

heftig بَشِدَّتْ

der Hagel تَگَرْک – بَرَدْ*

es hagelt تَگَرْک مِیبَارَدْ

der Schnee بَرْف – ثَلْج*

es schneit بَرْف مِیبَارَدْ

es friert یَخْ مِیبَنْدَدْ

das Eis یَخْ – جَلِیدْ*

schmelzen آبْ شُدَنْ

---

der Rauch دُودْ

rauchen دُودْ کردن

der Dampf بُخَارْ

die Wolke مِیغْ – اَبْر – سَحَابْ* –

das Wetter هَوَا*

was für Wetter ist es? هَوَا چه طَوْر اَسْت

es ist {schönes / schlechtes} Wetter هَوَا {خُوبْ / بَدْ} اَسْت

das Gewitter – رَعْدُ وبَرْق* طُوفَانْ*

der Blitz دِرَخْش – بَرْق* – (!)

der Donner رَعْدْ*

es donnert رَعْد (مِیغُرَّد²) – رَعْد صَدَا مِیکُنَد

der Regenbogen قَوْسِ قُزَحْ

---

1) صَوَاعِقُ pl. صَاعِقَه* = Blitz und Donnerschlag.

2) von غُرِیدَنْ.

3) von بَارِیدَنْ.

der Reif ژاله

die Kälte* — بَرْد — سَرْمَا — بُرُودَتْ*

kalt سَرْد

die Kühle* طَرَاوَتِ هَوَا

die Wärme / die Hitze حَرّ* — گَرْمَا — حَرَارَتْ*

warm گَرْم

der Thau ژاله — شَبْنَم

die Trockenheit خُشْکِی

die Dürre* قَحْط

trocken خُشْک

trocknen (tr.) خُشْک کردن — خُشْکَانِیدَن

trocknen (intr.) خُشْکِیدَن

die Feuchtigkeit نَدَی* — رُطُوبَه* — نَمِی

feucht تَر

das Klima آبُ وَهَوَا

die Jahreszeit pl. فَصْل* pl. مَوَاسِمْ* مَوْسِمْ* — فُصُولْ

die vier Jahreszeiten فُصُول — چَهَارْ فَصْل — اَرْبَعَه

der Frühling بَهَارْ — بَهَارِسْتَانْ — فَصْلِ رَبِیعْ*

der Sommer تَابِسْتَانْ — فَصْلِ صَیْف*

der Herbst پَایِیزْ — فَصْلِ خَرِیفْ*

der Spätherbst خَزَانْ*

der Winter زَمِسْتَانْ — فَصْلِ شِتَا*

das Licht رُوشَنِی — نُورْ* — ضِیَا* — پَرْتَو — رُوشَنَائِی

die Sonnenstrahlen پَرْتَو — سُعَاعِ الشَّمْسْ* —

Mondschein مَاهْتَابْ

die Finsternis تَارِیکِی — دَاجْ* — ظَلَامْ* — ظُلْمَه* — دُجَا* —

12. Die Erde.

Die Erde زَمِینْ — خَاک — اَرْض*

die Erdkugel خَاکْدَانْ — کُرَهٔ اَرْض*

der Pol* قُطْب

Nordpol قُطْب شَمَالِى

Südpol قُطْب جَنُوبِى

die Zone* مِنْطَقَه

kalt* مُنْجَمِدَه

heiß* حَارَّه

gemäßigt* مُعْتَدِلَه

der Äquator* دَايِرَهٔ اِسْتِوَا

der Meridian دَايِرَهٔ نِصْفِ نَهَارْ*

der Horizont* دَايِرَهٔ اُفُقْ

das Element* pl. عَنَاصِرْ عُنْصُرْ

— pl. اُرْكَانْ رُكُنْ*

Erde — زَمِينْ — خَاكْ

Luft* هَوَا

Waffer* — مَاءْ — آبْ

Feuer* نَارْ — آتَشْ

Sand* — رَمْل — رِيكْ

Staub* — غُبَارْ — تَوْرُد — خَاكْ

Roth* — وَحْل — لَجَنْ — كِلْ

das Festland بَرّْ

das Meer* pl. بِحَارْ بَحْر
دَرْيَا —

ein Weltmeer — أُوقِيَانُوسْ بَحْرِ مُحِيط*

die Ebbe بَلَا آمَدَنِ دَرْيَا* — مَدّْ*

die Flut — فُرُو آمَدَنِ دَرْيَا جَزْرْ*

die Woge, Welle pl. آمْوَاجْ مَوْج

die Brandung* تَلَاطُمُ الْأَمْوَاجْ

das Vorgebirge رَأْسْ*

der Strand — كَنَارْ — شَطّْ*
das Ufer
die Küste سَاحِلْ*

der Meerbufen (ſpr. kültük) قُولْتُوقْ (ſpr. kjörfés) كُورْفَزْ

die Meerenge بُوغَازْ

eine Insel* pl. جَزَايِرْ جَزِيرَه*

eine Halbinsel* شِبْهُ جَزِيرَه

ein See* — دَرْيَلْجَه — بُكَيْرَه*

ein Teich* pl. غُدْرَانْ غَدِيرْ — حَوْضْ*

der Sumpf — لَجَنْزَارْ بَطْلَاقْ*

der Strom سَيْل pl. سُيُول — سَيَّال

der Fluß — رُودْخَانَه — رُود اَنْهَار pl. نَهُر

der Bach (جوئ) جُو

die Quelle — عَيْنِ ماء چَشْمَه — سَرْچَشْمَه —

eine Mündung اِنْصِبَاب

sich ergießen مُنْصَبّ شُدَن

das rechte Ufer كِنَارِ رَاسْت

das linke Ufer كِنَارِ چَپ

die Furt يُلُم

der Wasserfall آبْشَار

der Damm بَنْد — سَدّ

das Austreten طُغْيَانِ آب

austreten طُغْيَان كردن

eine Überschwemmung سَيْل

das Gebirge, der Berg كُوه جِبَال pl. جَبَل —

ein flaches Land سَاحَت

der Gipfel كَلَّه

der Hügel } تِلَال pl. تَلّ

die Anhöhe } oder تُلُول

der Fels سَنْگ خَارَا

steil پِرْت كَاه

hinaufklimmen, klettern بَالَا آمَدَن

ein Abgrund وَرْطَه — غُرْقَاب

ein Thal وَادِی — دَرَّه

der feuerspeiende Berg كُوه آتَش فِشَان

ein Ausbruch آتَش اَفْشَانْدَن

eine Höhle غَار — مَغَارَه

die Wiese چَمَن — مَرْغْزَار مُرُوج pl. مَرْج

der Wald بِیشَه — چَنْگَل مِثْقَب — غَابَه

die Ebene هَامُون — سَاحَت صَحَارَی pl. صَحْرَا

die Wüste بَادِیَه — بِیَابَان — قُفُور oder قِفَار pl. قَفْر دَشْت — صَحْرَا

das Land (im Gegensatz zur Stadt) دِه — بِیَابَان

die Gegend اَقْطَار pl. قُطُر اِقْلِیم

die Umgegend* — حَوَالِى* نَوَاحِى*

umgeben — دَايِرَه* زدن فراگِرِفتن

die Grenze pl. ثُغُور* ثَغْر* — سَرْحَدّ — حَدّ*

13. Familie und Verwandtschaft.

Der Mensch — آدَم* — مَرْدُم نَاس pl. اِنْسَان*

der Mann — مَرْد — مَرْدُم رِجَال pl. رَجُل*

das Weib — اِمْرَأَه* — زَن يَا نِسْوَان pl. مَرْأَه* نِسْوَه يا نِسَا

das Kind — بَچّه — كُودَك اَطْفَال pl. طِفْل* اَوْلَاد pl. وَلَد* —

der Zwilling pl. تَوَائِم تَوْأَم*

der Knabe — پِسَر صِبْيَان pl. صَبِى*

das Mädchen دُخْتَر* — بِنْت* صَبِيَّه* — بَنَات pl. صَبَايَا pl.

der Jüngling جَوَان — غِلْمَان pl. غُلَام*

die Jungfrau بِكْر pl. اَبْكَار* بَاكِرَه

der Greis اِخْتِيَار* — پِيرُ شِيخ* — رِيشُ سَفِيد سَالْخُورْدَه — شُيُوخ pl.

die Greisin سَفِيد رِيشُ — عَجُوز*

die Familie¹) دُودْمَان — اَهْل* — عِيَال*

die Verwandten* آقَارِب* اَقْوَام* — خْوِيشُ

die Eltern پَدَر وَمَادَر*

die Vorfahren اَسْلَاف* — بِيَاكَان

die Nachkommen اَحْلَاف* — اَوْلَاد*

---

¹) wie geht es Ihrer Familie: أَحْوَالِ اَهْلِ دَوْلَتْخَانَه چِه طَوُر است.

der Großvater جَدٌّ*

die Großmutter جَدَّه*

der Gatte, Mann, Gemahl شُوْهَرُ
زَوْج* —

die Gattin, Frau, Gemahlin
زَوْجَه*

verheiraten تَزْوِيجُ* كردن

sich verheiraten عَقْد* oder
نِكَاح* كردن

die Heirat, die Hochzeit
عَرُوسِى*

die Ehe نِكَاحُ* — اِزْدِوَاجُ*
تَزَوُّج*

verheiratet مُتَزَوِّجُ* —
مُتَأَهِّل*

verh. (v. d. Frau) مَنْكُوحَه*

der Bräutigam نَامْزَدُ

die Braut عَرُوسُ*

der Hagestolz عَزَبُ* pl. اَعْزَابُ*

der Vater پِدَرُ — اَبُ* —
وَالِدُ*

die Mutter أُمُّ* — مَادَرُ —
وَالِدَه*

der Schwiegervater حَمُو* —
اَبُو آلزَّوْجِ*

die Schwiegermutter حَمَاةٌ* —
نَامَادَرِى — أُمُّ آلزَّوْجِ*

der Sohn پِسَرُ — فَرْزَنْدُ —
زَادَه — اِبْنِ*

die Tochter دُخْتَرُ — فَرْزَنْدُ
زَادَه — بَنَاتُ pl. بِنْتُ*

der Schwiegersohn رَبِيبُ*

die Schwiegertochter رَبِيبَه*

der Bruder اَخُ* — بِرَادَرُ —
pl. اِخْوَانُ يَا اِخْوَه

älterer Bruder بِرَادَرِ مِهْتَرُ

jüngerer „ بِرَادَرِ كِهْتَرُ

die Schwester هَمْشِيرَه—خَوَاهَرُ

der Schwager صِهْرُ* pl. اَصْهَارُ
عَدِيلُ* —

die Schwägerin ٭ عَدِيلَه

der Enkel نَوَّاده — نَوَه — نَبِيرَه

vom Sohn نَوَّاده پِسَرِينَه

v. d. Tochter نَوَّاده دُخْتَرِينَه

— ٭ حَفِيد

die Enkelin نَوَّاده

der Oheim

(väterlicherseits) عَمّ ٭ — عَمّو ٭

(mütterlicherseits) ٭ خَال

die Tante ٭ عَمّه — ٭ خَالَه

der Neffe, die Nichte بِرَادَرزَاده

— هَمْشِيرَهزَاده

Cousin, Cousine — عَمّزَاده

عَمّوزَاده

die Geburt ٭ وِلَاده — ٭ تَوَلُّد

٭ مِيلَاد — ٭ مَوْلُود

die Waise pl. أَيْتَام ٭ يَتِيم

der Vormund ٭ قَيِّم

der Wittwer أَرْمَل — بِيوَه

die Wittwe ٭ بِيوَهزَن — أَرْمَلَه

der Erbe ٭ وَارِث

die Erbschaft أَرْث (— das

Erbe) — ٭ مِيرَاث

erben بَمِيرَاث رَسِيدَن

(از) مِيرَاث يَاقْتَن

zum Erben einsetzen وَارِث

كَرْدَانِيدَن

die Haushaltung خَانَوَار —

٭ كُلْفَت

der Diener نَوْكَر — خِدْمَتْكَار

in Jemandes Dienst stehen

كَسِي بُودَن ٭ بَخِدْمَت

der Dienst, die Dienstleistung

٭ خِدْمَت

aufwarten خِدْمَت كَرْدَن

der Lohn ٭ مَوَاجِب

die Amme دَايَه

15. Die Grammatik.

Die Grammatik [1] ٭ صَرْف —

٭ نَحْو

der Grammatiker ٭ نَحْوِى

---

[1] صَرْف ist die Lehre von der Flexion der Wörter, نَحْو die Lehre von ihrer Zusammenfügung zu Sätzen, die Syntax.

die Rechtſchreibung اِمْلَا

das Wort لَفْظْ pl. اَلْفَاظْ *

كَلِمَهْ pl. كَلِمَاتْ *

der Buchſtabe حَرْفْ pl. حُرُوفْ *

der Konſonant حُرُوفْ

punktierte مُعْجَمَهْ *

nicht punktierte مُهْمَلَهْ *

mit einem Punkt مُوَحَّدَهْ *

„ zwei Punkten مُثَنَّاةْ *

„ drei „ مُثَلَّثَهْ *

verbundene مُتَّصِلَهْ *

getrennte مُنْفَصِلَهْ *

der Vokal حَرَكَهْ pl. حَرَكَاتْ *

die ſchwachen Buchſtaben (ى ,و ,ا)

حُرُوفِ عِلَّهْ *

die Ausſprache تَلَفُّظْ *

ausſprechen تَلَفُّظْ كردن

das Leſen قَرَاءَتْ — خَواندَنْ مُطَالَعَهْ *

leſen قَرَاءَتْ — خَواندَنْ مُطَالَعَهْ كردن — كردن

der beſtimmte Artikel اَدَاةُ التَّعْرِيفْ *

der unbeſtimmte Artikel (das Jē der Einheit) يَاى وَحْدَتْ *

das Nomen اِسْمْ * pl. اَسْمَاءْ

das Hauptwort اِسْمِ مَوْصُوفْ *

die Einzahl مُفْرَدْ *

die Mehrzahl جَمْع *

das Geſchlecht جِنْسْ *

das Beiwort اِسْمِ وَصْفْ *

der Komparativ اِسْمِ تَفْضِيلْ *

das Zahlwort اِسْمُ الْعَدَدْ *

das perſönliche Fürwort ضَمَائِرْ pl. ضَمِيرْ *

das hinweiſende Fürwort اِسْمِ اِشَارَتْ *

das bezügliche Fürwort اِسْمِ مَوْصُولْ *

das fragende Fürwort اِسْمِ اِسْتِفْهَامْ *

die Deklination تَصْرِيفِ الْاَسْمَاءْ *

der Nominativ رَفْع *

die Genetivverbindung اِضَافَتْ *

der Genetiv	جَرّ*
der Akkusativ	نَصْب*
das Zeitwort* pl. اَفْعَال	فِعْل
der Infinitiv	مَصْدَرْ*
die Konjugation	تَصْرِيفْ* اَلْفِعْل*
der Imperativ	اِنْشَا*
der Befehl	أَمْرْ*
das Verbot*	نَهْى
das Präsens	حَالْ*
der Aorist	مُضَارِعْ*
das Präteritum*	مَاضِى
das Imperfekt	مَاضِى اِسْتِمْرَارِى*
das Perfekt	مَاضِى قَرِيبْ*
das Plusquamperfekt	مَاضِى بَعِيدْ*
das Futurum	اِسْتِقْبَالْ*
die Partikel pl. حُرُوف	حَرْف*
der Satz	جُمْلَه*—كَلَام مُفِيدْ*
das Subjekt*	مُبْتَدَا*—فَاعِلْ
das Prädikat	خَبَرْ*
das Objekt*	مَفْعُولْ
sprechen	حَرْف زَدَنْ*

laut	بَآوَازِ بُلَنْد
leise	آهَسْته
schnell	زُودْ
langsam	يَوَاش
ein Wort gebrauchen	لَفْظ اِسْتِعْمَالْ* كردن

16. Schreiben und Rechnen.

Die Handschrift	خَطّ*
schreiben	— نُوشْتَن تَرْقِيمْ* فَرْمُودن
das Lineal	سَطُرْآرا
liniieren	سَطُر* كَشِيدَنْ
das Papier	كَاغَذ
der Bogen	جزو
das Blatt*	وَرَقَه*
die Seite* pl.	صَحْفَه* صَحْفَاتْ
die Tinte*	مُرَكَّبْ
das Schreibzeug	— دَوَاتْ* قَلَمْدَان
das Federmesser	قَلَمْتَرَاش
ausstreichen	پَاك كردن

مَحو* کردن —
قَلَم زَدَن بُر
der Strich .pl خُطوط خَطّ
die Feder کِلک — قَلَم*
ein Absatz, neue Zeile سَطرِ دیگَرُ
die Abschrift نُسخَه*
abschreiben نُسخَه بَرداشتَن
das Rechnen حِساب*
rechnen حساب کردن
die Zahl, Ziffer شُمار — عَدَدُ
zählen — حساب کردن
تعداد* کردن
die Addition جَمع*
addieren جَمع کردن
die Summe مَبلَغ*
die Subtraktion تَفریق*
subtrahieren تَفریق کردن
der Rest بَقیّه* — باقی*
die Multiplikation ضَرب*
multiplizieren ضَرُب کردن
die Division تَقسیمُ*

17. Spiele, Belustigungen, Vergnügungen.

Das Spiel بازی
das Hasardspiel مَیسَر* — قُمار
spielen بازی کردن — بازیدَن
der Spieler قُمارباز
das Schachspiel شطرنج بازی — شطرنج
Schach spielen شطرنج بازی کردن
das Schachbrett تَختَهُ* — شطرنج بازی
der König شاه
die Dame وَزیرُ*
der Läufer فیل
der Springer اَسپ
der Thurm رُخ
der Bauer پیادَه
Schach! کِیش
matt! مات*
die Karten گَنجَفَه

Karten spielen — گنجفه بازی کردن

der Würfel* — مُهْره*

der Gewinn* — کَسْبُ

gewinnen (im Spiel) — بُرْدَن

der Verlust* — خَسَارَتْ

verlieren (im Spiel)[1] — باخْتَن

der Zeitvertreib* — مَلَاعِبْ — مَلَاهِی*

sich vergnügen — خُوش گُذرانی کردن

die Langeweile* — مَلَالْ

sich langweilen — کَسیل* شُدَنْ

die Erholung — تَفَرُّجْ* — فَرَحْ

der Spaziergang — گَرْدِش

spazieren gehen — گَرْدِش کردن

der Tanz* — رَقْص

tanzen — رَقصِیدَنْ

der Tänzer* — رَقَّاص

das Theater — تَمَاشَاخَانَه

das Schauspiel* — تَمَاشَا — طِیَاطِرْ

das Theaterstück — بَازِیچِه

komisch — خَنْدَه اَنْگِیزْ

das Lustspiel — بَازِیچِه خَنْدَه اَنْگِیزْ

das Trauerspiel — بَازِیچِه غَرْبه خیزْ

der Schauspieler* — مُقَلِّدْ — بَازِیگَرْ

die Schauspielerin* — مُقَلِّدَه

Beifall spenden — آفَرِینْ گُفْتَن — تَحْسِینْ کردن

der Jongleur — لَنْگَرْبَاز — حقه باز

18. Künste und Wissenschaften.

Die Kunst* pl. صَنَایِع صَنْعَتْ

der Künstler* — صَانِعْ

der Maler — صُورَتْ کَشْ — نَقَّاشْ*

die Malerei — نَقَّاشِی

malen — نَقَّاشِی کردن

---

[1] sonst: زِنْگُم کردن (eine Schlacht): شِکَسْته خُوردَنْ.

das Gemälde تَصْوِيرٌ* —
نَقْشٌ*

der Pinsel قَلَم مُو – مِنْقَش*

die Farbe رَنْگ

das Zeichnen طَرَحٌ*

der Zeichner طَرَّاحٌ*

zeichnen طرح کردن —
کَشِيدَن

austauschen رَنْگَارَنْگ کردن

die Musik سَاز – نَوَا —
مُوسِيقِى

der Musiker مُطْرِبٌ* —
سَازَنْدَه

das Instrument آلَتٌ*

spielen زَدَن – سَاز نَوَاخْتن

die Flöte نَىْ

der Flötenspieler نَىْ زَن

die Geige کَمَانْچَه

Geige spielen کمانچه
کَشِيدَن

die Harfe چَنْگ

Harfe spielen چَنْگ زَدَن
نواختن —

die Saite سِيمٌ

die Trompete بُوق – صُورٌ
شِيپُورْ

der Gesang خَوَانْدَن – آوَازَه
singen آوَازَه خَوَانْدَن
der Sänger خَوَانَنْدَه

die Wissenschaft pl. عُلُومٌ* عِلْم

die Einzelwissenschaft pl. فَنّ*
فُنُونْ

wissenschaftlich عِلْمِى*

die exakten Wissenschaften
رِيَاضِيَّاتٌ*

die Theologie اِلَاهِيَّاتٌ*

die Ethik عِلْم الْأَدَبِيَّتٌ*

die Philosophie — حِكْمَتٌ*
دَانِشْ – عِلْم الْفَلْسَفَه*

der Philosoph pl. حَكِيمٌ*
فَيْلَسُوفٌ — حُكَمَاء
pl. دَانَا – فَلَاسِفَه

die Geographie جِغْرَافِيَا

die Geschichte pl. تَارِيخٌ*
تَوَارِيخْ

der Geschichtschreiber تَارِيخْ
نِوِيسْ

10*

die Kosmographie شرح* نَزُ
تَرْكِيب* زَمِين وَاَفْلَاك*
— عِلْمُ الدُّنْيَا*

die Astronomie عِلْمُ نُجُومٌ*
عِلْمُ الْفَلَكِ*

der Astronom مُنَجِّمٌ*

die Rechtsgelehrsamkeit فِقْه*

der Rechtsgelehrte فَقِيهٌ* pl.
فُقَهَاء

die Heilkunde عِلْمُ طِبٌّ*

die Mathematik رِيَاضِيَّات*

der Mathematiker رِيَاضِى*

die Geometrie عِلْمُ مَسَاحَتْ*
— هَنْدَسَه*

die Architektur مِعْمَارِى*

der Architekt مِعْمَار*

die Physik عِلْمُ طَبِيعِيَّاتٌ*

die Chemie كِيمِيَا*

der Chemiker كِيمِيَا دَانْ*

die Politik سِيَاسَتْ*

die Beredsamkeit — فَصَاحَتْ*
بَلَاغَتْ*

beredt فَصِيعٌ* — سُخَنْوَرْ*

die Rhetorik عِلْمُ بَلَاغَتْ*

die Poesie نَظْم* — شِعْرٌ*

die Prosa نَثْرُ

die gereimte Prosa سَجْعٌ*

19. Der Staat.

Das Volk, die Nation طَايِفَه*

der Herrscher — سَايَه خُدَا
تَاجْدَارْ

der Schah — شَاهْ — پَادِشَاهْ
شَاهِنْشَاهْ

der Kaiser سَلَاطِينْ pl. سُلْطَانْ*
خَوَاقِينْ pl. خَاقَانْ* —

der König — مُلُوكْ مَلِكْ pl.
شَهْرِيَارْ

der Vicekönig نَائِب سَلْطَنَتْ*

der Fürst —: أُمَرَاء pl. أَمِيرٌ*
خِدِيوْ — نُوِيَانْ

der Prinz أَمِيرْزَادَه*

(kaiserlich) شَاهْزَادَه

die Prinzessin بَانُو — سَيِّدَه*

herrschen, regieren سَلْطَنَتْ*
كَردن

die Krone تَاجٌ* — حَلْقَه*

der Thron تَخْتِ پَادِشَاهِی — سَرِیرٌ*

der Unterthan* رَعَایَا pl. رَعِیَّت*

der Bürger اَهْلِ مَمْلَکَتِی — سَاکِنٌ* شَهْر

der Bauer دِهَاتِی

der Sklave مَمْلُوکٌ* — غُلَامٌ*

das Vaterland وَطَنٌ*

der Landsmann هَمْ وَطَنْ — هَمْشَهْرِی

der Hof(¹) دَرْخَانَه — دَرْبَارْ

die Hofdienerschaft نَوْکَرِ خَاصٌّ*

der Großceremonienmeister اِیشِکْ آغَاسِی بَاشِی

der Oberhofintendant نَاظِرِ خَاصٌّ*

der Großfalkenier قُوشْچِی بَاشِی

der Großsiegelbewahrer مُهُرْدَارْ

der Stallmeister جَلَوْدَارْ مِیرْ آخُورْ

Oberzeltaufseher خَیَّامْ بَاشِی

der Leibarzt حَکِیمْ بَاشِی

der Mundschenk آلْبَدَارْ قَیُوَک چِی بَاشِی

der Garderobier صَنْدُوقْدَارْ

der Schatzmeister خَزِینَه دَارْ — خَزْنَه دَارْ — خَازِنٌ*

der Kämmerer پِیشْ خِدْمَت

der Kammerdiener فَرَّاشْ خَلْوَت*

Befehlshaber der Leibgarde — یَسَاقْچِی بَاشِی یَسَاوُلْ بَاشِی

der Oberthürsteher قَپُوچِی بَاشِی حَاجِبُ الدَّوْلَه* — بَاشِی

der Oberscharfrichter غَضَبْ مِیرْ

der Hofpoet* مَلِکُ الشُّعَرَاءْ

---

¹) nach Wahrmund.

der Hofhistoriker لِسَانْ وَقَائِع نَقَّالْ* — ٱلْمُلْكْ*

der Hofastronom مُنَجِّمْ بَاشِى

der Hofmaler نَقَّاش بَاشِى

der Page غُلَامْ بَچَه

der Eunuch خَوَاجَه — آغَا

das Amt عَمَلْ* — مَنْصَبْ*

der Beamte* مَأْمُورْ*

der Großvezier أَمِيرْ ٱلدَّوْلَه اِعْتِمَادُ ٱلدَّوْلَه* — قَائِمْ مَقَامْ* — صَدْرِ أَعْظَمْ* —

der Minister* وَزِيرْ pl. وُزَرَاه

der Minister des Äußeren وَزِيرُ ٱلْأُمُورُ ٱلْخَارِجَه*

des Innern مُسْتَوْفِى ٱلْمَمَالِكْ*

der Finanzen مُعَيِّرُ ٱلْمَمَالِكْ*

der Justiz وَزِيرِ عَدَالَتْ

des Handels وَزِيرِ تِجَارَتْ

der Stiftungsgüter وَزِيرِ مَوْقُوفَاتْ*

des Kultus وَزِيرِ عُلُومْ*

der Bürgermeister كَلَانْتَرْ

der Dorfschulze — كَتْخُدَا ضَابِطْ*

der Polizeioffizier دَارُوغَه

der Polizeidiener رِبگَا

der Marktaufseher مُحْتَنْسِبْ*

der Zolleinnehmer رَاهْدَارْ

der Sekretär دَفْتَرْدَارْ

der Gesandte* إِيلْچِى — سَفِيرْ

der Konsul قُنْصُلْ — بَالِيُوسْ

20. Rechtspflege.

Die Gerechtigkeit عَدْلْ* — دَادْ اِنْصَافْ*

die Ungerechtigkeit — ظُلْمْ* بِى اِنْصَافِى — جَفَا*

gerecht* مُنْصِفْ* — عَادِلْ*

ungerecht ظَالِمْ* بِى اِنْصَافْ — جَفَاكَارْ

das Gesetz قَانُونْ* pl. قَوَانِينْ أَحْكَامْ* pl. حُكْمْ*: —

der Gesetzgeber قَانُونْ* وَاضِعْ*

der Gerichtshof*	مَحْكَمَه —
	دِيوَان* — عَدَالتْخَانَه
der Richter	قَاضِی — حَاكِم*
richten	قَضَاوَتْ كردن
das Urteil	حُكُم*
die Festnahme	دَستْگِيرِی — حَبْس*
festnehmen	دَستْگِير كردن
die Anklage	تُهَمَتْ — حَمَل* تَقْصِير
anklagen	مُتَّهُوم* — كردن بَتَّقْصِيرِی حَمَل كردن
verurteilen	مَحْكُوم* كردن مَرْدُود* دَانِسْتَن —
unschuldig	بِی گُنَاه*
schuldig*	جَانِی — مُقَصِّر*
der Rechtsanwalt	وَكِيل مدعيان*
das Verbrechen	جَنَايَتْ — تَقْصِير* جُرْم*
der Verbrecher*	جَانِی
der Mord	قَتْل نَفْس*
der Mörder*	قَاتِل نَفْس — خُونِی

ermorden	كُشْتَن
der Selbstmord	قَتْلِ نَفْسِ خود
die Vergiftung	تَسْمِيم*
vergiften	زهر دَادَن
das Gift	سَمّ* — زَهْر
der Diebstahl*	دُزْدِی — سِرْقَتْ
der Raub	رَهْزَنِی
stehlen	دُزْدِی كردن — دُزْدِيدَن
der Dieb	دُزْد
der Räuber*	قَاطِع طَرِيقْ — رَهْزَنْ
die Beleidigung*	قُدْحُش — آذِيَتْ*
beleidigen / beschimpfen	زَبَان دِرَازُ كردن / دُشْنَام دَادن
die Ohrfeige	سیلِی
die Bestrafung*	تَنْبِيه* — عُقُوبَتْ*
bestrafen	زجر كردن — بَعُقُوبَتْ رَسَانْدَن
der Henker*	جَلَّاد — نَسَقْچِی
der Galgen	دَار

das Gefängnis — زِنْدَان‌ — دَسْتانِ خانَه

21. Militärisches.

Der Soldat — لَشْكَرى‌ — سِپاهى

der Sold — سَرْباز‌ — مَواجِب

das Heer — لَشْكَرْ‌ — سِپاه‌ — قُشُون

die reguläre Armee* نِظام

die Irregulären* رَدِيفْ

die Garde* اَفْواجِ خاصّه

die Reiterei سَوارَه

der Reiter سَوارْ

das Fußvolk پِيادَگان

der Infanterist پِيادَه

die Artillerie طُوپْخانَه

der Artillerist زَنْبُورَكْچى

das Regiment (800—1000 M.) فَوْج pl. اَفْواج*

die Kompanie (80—100 M.) دَسْتَه

der Offizier* صاحِبْ مَنْصَب

der Feldmarschall — سَرْدارْ — اَمِيرِ نِظام* — سِپاه سالارْ

der General 1) (über 20000) اَمِيرُ نُويان

2)(über 10000) اَمِيرُ تُومان

3) (Divisionsg.) سَرْتِيپ اَوَّلْ

4) (Brigadier) سَرْتِيپ دُوُّمْ

5) der Artillerie-General اَمِيرِ طُوپْخانَه

der Oberst سَرْتِيپ سِيُومْ

der Oberstlieutenant سَرْهَنْكْ

der erste Major ياوَرِ اَوَّلْ

der zweite Major ياوَرِ دُوُّمْ

der Hauptmann* سُلْطانْ

der Premierlieutenant* نائِبْ اَوَّلْ

der Sekondelieutenant* نائِبْ دُوُّمْ

der erste Feldwebel* وَكِيلْ اَوَّلْ

der zweite Feldwebel* وَكِيلْ دُوُّمْ

der Korporal (10 Mann) دَه باشى

der Generalstab* اَرْكانِ حَرْب

die Fahne — دِرَفْش — عَلَم * رَايَات *

der Urlaub — مُرَخَّص خَانَه

die Trompete — شِيپُور

der Wachtposten — قَرَاوُل كَشِكْچِى

die Wache (das Wachthaus) قَرَاوُلْخَانَه

die Grenzwache مَرْزِبَان

Vorposten طَلَايَه

die Waffe — سِلَاح * pl. أَسْلِحَه *

die Rüstung — جَبَّه *

der Schild — سِپَر

der Bogen — كَمَان — قَوْس

der Köcher — تِيرْدَان — كِنَانَه — جَعْبَه *

der Pfeil — سَهْم * pl. — تِير نَاوَك — سِهَام

die Kanone — طُوپ — تُوپ

das Gewehr — تُفَنْك

die Pistole — طَاپَنْچَه طَبَانْچَه

das Pulver — بَارُود *

die Kugel — گُلُولَه

der Säbel, das Schwert سَيْف * — شَمْشِير سُيُوف pl.

der Dolch — خَنْجَر — قَمَه

die Lanze — نِيزَه — رِمَاح pl. رُمْح *

der Friede — آشْتِى — صُلْح *

Frieden schließen — آشْتِى ساختن

der Friedensschluß — مُصَالَحَه * آشْتِى سازى

der Waffenstillstand * مُتَارَكَه — مُهَادَنَه *

der Krieg — جَنْك — حَرْب *

gegen die Ungläubigen * جِهَاد — مُجَاهَدَه * — غَزَا * —

kriegerisch — جَنْكْجُو

der Kampf, die Schlacht * پِيكَار رَزْم * — قِتَال * — مُحَارَبَه * — جِدَال * — غَوْغَا —

das Schlachtfeld * مَعْرَكَه — رَزْم گَاه — مَصَاف

kämpfen — قِتَال كردن

der Angriff* حَمْلَه

angreifen هُجُوم* آوُرْدَنْ

die Verteidigung* حِمَايَتْ

verteidigen حِمَايَتْ كَرْدَنْ

der Sieg ظَفَرْ* — نُصْرَتْ — غَلَبَه*

siegen غَلَبَه كَرْدَنْ

die Niederlage شِكَسْت

der Feind دُشْمَنْ

der Rückzug رُجُوعْ*

die Flucht اِنْهِزَامْ* — فَرَارْ*

fliehen فَرَار كَرْدَنْ — گُرِيخْتَنْ

der Gefangene اَسِيرْ*

marschieren رَاهْ رَفْتَنْ

das Lager سِپَاه گَاه

die Vorhut طَلِيعَه* — مُقَدَّمَه*

die Nachhut آخِرَه*

das Zelt چَادِرْ

der Spion جَاسُوسْ

die Festung قَلْعَه* — حِصَارْ*

die Schanze* تَحْصِينْ

die Pulverkammer بَارُودْخَانَه

die Belagerung مُحَاصَرَه*

die Eroberung فَتْح* — اِسْتِيلَا*

22. Das Seewesen.

Der Seemann كَشْتِيبَانْ مَلَّاحْ* — چَاشُو

das Schiff كَشْتِي — گَمِى pl. سُفُنْ سَفِينَه* — und سَفَائِنْ

das Dampfschiff كَشْتِي بُخَارْ وَاپُورْ —

das Boot, der Kahn كَرَجِى زَوَارِق pl. زَوْرَقْ*

das Ruder پَارُو

rudern پَارُو كَرْدَنْ

das Steuerruder* سُكَّانْ

der Kompaß قُطْب نُمَا

der Mast سُتُونْ — تِيرِ كَشْتِى

das Segel بَادْبَانْ

die Flagge بَيْدَقْ — بَيْرَقْ عَلَمْ*

der Anker لَنْگَرْ

der Hafen * بَنَادِر .pl بَنْدَرُ

der Kapitän — مُعَلِّمْ نَاخُدَا

der Admiral دَرْيَا بَكِّى

23. Die Reise.

Die Reise * سَفَرُ — سِيَاحَتْ
رَاهْ —

der Reisende * مُسَافِرْ —
سَيَّاحْ *

reisen سِيَاحَتْ كردن
سَفَرْ كردن

abreisen رَفْتَنْ — كردن حَرَكَتْ
كُوچِيدَنْ — رَاهْ أُفْتَادَنْ —
عَزِيمَتْ * كردن —

die Abreise رَفْتَنْ — حَرَكَتْ *
إِنْصِرَافْ — نُهْضَتْ *

das Gepäck أَشْيَا — كُنَّه
أَسْبَابْ *

der Koffer * صَنْدُوقْ

der Mantelsack بُغْچَه *

der Paß * تَذْكِرَهْ

der Führer رَهْبَرُ — رَاهْنُمَا
راهْنُمَائِى كردن

der Dolmetsch * تَرْجُمَانْ
مُتَرْجِمْ *

der Wagen عَرَابَه — كَالْسِكَه *
fahren سَوَارِ كالسكه شدن
reiten سَوَارِ شُدَنْ *

der Weg رَاهْ
die Landstraße شَاهْرَاهْ

der Pfad سَبِيلْ — جَادَه *
der Umweg أَزْ رَاهْ — إِنْحِرَافْ *
die Eisenbahn رَاهِ آهَنْ
die Schiene خَطِّ آهَنِى
der Bahnhof أَسْكَلَه

24. Der Handel.

Der Handel * تِجَارَتْ

der Kaufmann تُجَّارْ .pl تَاجِرُ *
بَازِرْكَانْ

der Laden * دُكَّانْ

der Verkauf * بَيْعُ

verkaufen فُرُوخْتَنْ —
بَيْعْ كردن

der Kauf * إِشْتِرَا

kaufen خَرِيدَنْ

handeln, feilschen	چانه زَدَن — طَیّ کردن
die Waren	اَمْوَال* — اَمْتِعَه*
billig	اَرْزَان — رَخِیص*
teuer	گِرَان — ثَمِین*
kosten	اَرْزِیدَن
der Markt	بَازَار
bezahlen	پُول — اِدَا* کردن داذَن
rechnen	حِسَاب* کردن شُمُرْدَن
zählen	تَعْدِید* کردن
die Einnahme	بَازْیَافْت
ausgeben	خَرْج* کردن
das Geld / die Münze	پُول — نَقْد
der Geldwechsler	صَرَّاف* pl. صَیَارِفَه صَیْرَفِی
der Buchhändler	صَحَّاف* — بَیَّاع اَلْکُتُب*
der Gewürzkrämer	عَطَّار*
der Gemüsehändler	بَقَّال*
der Leinwandhändler	بَزَّاز*
der Obsthändler	مِیوَه فُرُوش
der Reishändler	رَزَّاز*
der Weinhändler	مَی فُرُوش شَرَاب فُرُوش — خَمَّار*
der Tuchhändler	مَاهُوت فُرُوش
der Stoff pl.	قُمَاش* اَقْمِشَه
der Sammet	مَخْمَل
die Seide	اِبْرِیشَم
die Leinwand	کَتَان — بَزّ
die Baumwolle	پَنْبَه
Baumwollstoff	کِرْبَاس
der Musselin	آقَابَانُو
die Wolle	پَشْم
das Tuch	مَاهُوت*
Kattun	چِیت
Flanell	پَانُو — بَرَک
Atlas	اَطْلَس — کَاتِنی
Brokat	دِیبَاج — دِیبَاه زَرْبَافِی
Maße und Gewichte	اَکْیَال واَوْزَان*
messen	پَیْمُودَن قِیَاس oder پَیْمَانَه کردن

das (perf.) Meter¹) — كَزْ · آرْشِین

die Elle ²) * ذَرْع

die (perf.) Meile فَرْسَنْك

oder (= 5065 m) فَرْسَنْج

das Quadratmeter * ذَرْع مُرَبَّع

der Morgen (= 1066 qm)
جَرِیب *

der Kubikmeter * ذَرْع مُعَكَّب

das Gewicht * وَزْن

wägen سَنْجِیدَن

die Wage * مِیزَان – تَرَازُو

25. Handwerke, Kunstfertigkeiten.

Der Handwerker * pl. صَانِع
صُنَّاع *

das Handwerk پِیشَه

pl. حِرَف حِرْفَت *

die Arbeit كَار

arbeiten كَار كردن

der Arbeiter كَارْسَاز

das Werkzeug * آلَت —

اسْبَاب* كارْتْز

der Maurer * بَنَّاء – عَمَّار *

bauen عِمَارَت* كردن —

بَنَّاء* كردن

der Glaser زَجَّاج

der Tischler
der Zimmermann } نَجَّار

die Axt تَبَر

der Drechsler * خَرَّاط

der Kupferschmied مِسْگَر

der Schlosser * قَفَّال

der Schmied حَدَّاد – آهَنْگَر

der Hufschmied نَعْلَبَنْد

der Amboss سندان

der Hammer چَكُش

die Zange كَازَانْبُر

---

¹) die آرْشِین شَاهِی hat eine Länge von 1,12 m; die آرْشِین مُتَقَصَّر von 1,025 m.

²) = 104 deutsche Centimeter; sie zerfällt in vier چَرَك zu je vier گِرِ zu je zwei بَار.

der Nagel ميخ

die Schraube پيچ

der Waffenschmied تفنكچى

der Messerschmied كاردكر

der Sattler زينساز — سرّاج — پالاندوز —

der Schuhmacher كفشدوز اساكفه pl. اسكاف* —

der Schneider خيّاط*

der Färber صبّاغ*

färben رنك زدن ياكردن

der Kürschner پوستيندوز

der Gerber چرمكر — دبّاغ*

der Barbier سرتراش — دلّاك — حلّاق*

rasieren تراشيدن

das Rasiermesser تيغ

der Bäcker نانوا — خبّاز*

backen پختن — بشتن

der Müller آسيابان

mahlen آسيا كردن گوبيدن

die Mühle آسيا

das Mehl آرد

der Schlächter* — قصّاب — جزّار*

schlachten كشتن

der Zuckerbäcker* قنّاد*

Zuckerwerk* حلوى*

der Lichtzieher* شمّاع*

der Talg پيه

der Töpfer فتّحارى — سفالكر

der Buchbinder* — مجلّد — صحّاف

einbinden جلد* كردن

der Einband جلد*

der Buchdrucker* طبّاع* — طابع*

drucken — چاپ كردن طبع*كردن — بصمه كردن

die Buchdruckerei چاپ خانه بصمه خانه — مطبعه*

der Goldschmied زركر — صائغ*

der Juwelier جوهرجى

der Steinschneider* حجّاز*

der Uhrmacher ساعتساز

die Uhr* ساعت*

vorgehen	تُنْد بودَن	der Maultiertreiber	چاروادار
	رَفْتَن oder		قاطِرْجى —
nachgehen	كُنْد بودَن	der Polierer *	صَيْقَل
stehen bleiben	ماندَن	der Perlenfischer *	غَوَّاص
gehen	رَفْتَن	die Hebamme *	قابِله
aufziehen	كوك كردن	die Amme *	دَايَه
der Photograph	عَكَّاس	der Wasserträger *	سَقَّاء
der Bademeister *	حَمَّامى	der Weber *	نَسَّاج — نَاسِج
das Bad *	حَمَّام — گَرْمَابَه		حَيَّاك * —
der Droguist *	عَطَّار	der Wahrsager — رَمَّال — فَالْگِير	
der Gemüsehändler *	بَقَّال		سَاحِر *
der Graveur *	حَكَّاك		
der Kalligraph	خوشْنِويس		

26. Der Ackerbau.

der Kammmacher	شَانَه سَاز	Der Landmann, Bauer	روسْتَار
der Schwertfeger *	سُيوفى	دِهَاتى — دِهْقَان — فَلَّاح * —	
der Kameeltreiber	سَارُبَان	das Feld bestellen	زَمِينْ را دَايِر
	شُتُرْبَان —	زِرَاعَت * كردن — كردن	
der Tuchmacher *	قَمَّاش	der Pächter *	مُسْتَأْجِر
der Koch	آشْپَز	der Ackerknecht — كِشْتْكَار — بَرْزِگَر	
der Totengräber *	نَبَّاش	زَرَّاع *	
der Lastträger *	حَمَّال	das Feld	زَمِين — رَاع
der Schreiber * — مُحَرِّر — كَاتِب		der Boden	زَمِين
نِويسَنْدَه		der Dünger *	كوت — رِشْوَه

der Pflug — گاوآهن، افزار شیار

pflügen — شیار کردن

säen — تخم کاشتن، پاشیدن

die Ernte — درو

ernten — درویدن - درو کردن

die Schnitter — درو کر

die Sense — علف بُر

die Scheune — آنبار

das Stroh, die Stoppel — کاه

das Heu — علف

die Wiese — چمن - مرغزار

die Herde — گله

der Hirte — چوبان - راعی*

der Stall — طویله

27. Jagd und Gartenbau.

Die Jagd — شکار

auf die Jagd gehen — بشکار رفتن

jagen — شکار - صید کردن، کردن

der Jäger — صیّاد

das Wild — شکار

der Wald — جنگل - بیشه، مثقب*

der Vogelfänger — صیّاد مرغ

der Käfig — قفص*

der Fischer — صیّاد ماهی

fischen — ماهی صید کردن، ماهی گرفتن

der Gärtner — باغبان

der Garten — باغ

der Obstgarten — بستان* pl. بساتین

der Rasen — چمن

die Hecke — صف

pflanzen — کاشتن

28. Das Tierreich.

Das Tier	حِيْوَان* — (اجَانْوَرْ)
pl. بَهَايِم	بَهِيمَه* —
Das Fell	پُوسْت
das Haar	مُو — مُوى
der Schwanz	دُمْ
das Vieh	مَوَاشِى*
der Affe	مَيْمُون — قِرْدْ*
die Fledermaus	شَب پَرَه
der Maulwurf	مُوشَكْ — مُوش كُور
der Bär	خِرْس
der Hund²	سَگْ
der Fuchs	رُوبَاه — ثَعْلَبْ*
der Wolf	گُرْگ
die Hyäne	كَفْتَار
die Katze	گُرْبَه
der Löwe	شِيرِ نَرْ — شِير
die Löwin	شِيرِ مَادَه*

der Rachen	دَهَانْ
die Klaue	نَاخُنْ
die Höhle*	غَارْ — مَغَارَه*
der Tiger	بَبَرْ — نِمْرْ*
der Leopard	پَلَنْگ
der Panther	پَارْس — يُوزْ
die Maus³	مُوشْ
der Biber	سَگَابِى
der Hase	خَرْگُوش
das Stachelschwein	خَارْپُشْت
der Elefant	پِيل — فِيلْ*
der Rüssel	بُوقْ — خَرْطُومْ
das Elfenbein	عَاجْ — شِيرْمَاهِى
das Nashorn	كَرْگَدَانْ
das Nilpferd	گَاوِ نِيلِى
das wilde Schwein	خُوكِ وَحْشِى
das Schwein	خُوكْ — گُرَازْ

---

¹) حيوان wird hauptsächlich von Haustieren und Fischen; جانور von wilden Tieren und Gewürm aller Art gebraucht (M. M. J.): چَارْپَا ist das vierfüßige Tier.

²) der Jagdhund تَازِى

³) die Ratte فَارَه*

das Pferd¹) اَسپ	die Bergziege (Gemſe) بُز
der Hengſt نَرْیان	کُوهی
die Stute مَادیان	der Ochs گَاو نَر
das Füllen کُرّه	die Kuh مَاده گَاو
der Sattel زِین	das Kalb²) گُوسَاله
die Zügel* لِگام – عِنان	die Ziege³) بُز
جلو – مَهار	das Schaf مِیش
Steigbügel* رِکاب	der Hammel گُوسْفَند
der Sporn* مِهْماز – مِهْمَز	das Lamm بَرّه
der Eſel خَر	der Vogel پَرَنْده – مُرْغ
der Mauleſel – اَسْتَر – قاطِر	das Neſt لَانه – آشِیانه
بَغْله	fliegen پَرِیدَن
das Kamel – شُتُر	der Flug طَیَران* – پَرْواز
pl. جِمال جَمَل	der Schnabel* مِنْقار
das Dromedar – هَجِین	der Flügel, Feder, Gefieder پَر
جُمّازه	das Ei تُخْم مُرْغ
der Hirſch گَوَزن	der Geſang بَانگ
die Gazelle آهو	

---

¹) der Schimmel اَسپ اَبْلَق – der Schecke – اَسپ سَفِید
der Fuchs یُورْتُمَه – der Schritt* قَدَم – der Trab اَسپ کَهَر –
der Galopp دَو تَاخْت و تَاز.

²) der Büffel گَاومِیش – گَامِیش
³) der Bock قُوچ.

der Geier* — شاهباز — نَسْر	die Gans — قاز — غاز
der Falke — باز — قُوش	die Ente* — مُرْغابی — بَطّ — اُوردَك
der Adler* — قَره قُوش — عُقاب	die Krähe — قارْغَه
die Eule — بُوم — جُغْد	die Lerche — غَزْلاغ
der Kukuk — كُوكُو	der Rabe — كُلاغ
der Papagei — طوطی	

29. Pflanzen.

der Geier* شاهباز — نَسْر

die Nachtigall — بُلْبُل
der Sperling — كُنَجِشْك
der Staar — مُرْغِسار
die Elster — زَاغ
die Schwalbe — پَرَسْتُك
die Taube — كَفْتَر
die Wachtel — بُلْدُرْجِين
das Rebhuhn — كَبْك
der Pfau* — طَاوُوش
der Fasan — قَازْقَاوُل
der Truthahn — كُو قَلَمُو
der Hahn — خُرُوش
die Henne — مَاكِيَن — مُرْغ — مُرْغِخَانَگی —
das Hühnchen — خُرُوش بَچَه — جُوجَه —
der Strauß — نَعَامَه
der Storch — حَاجی لَكْلَك

Die Pflanze* — نَبَات
der Baum — دِرَخْت
der Stamm — سَاقِ دِرَخْت
die Wurzel — بِیخ
die Rinde — پُوسْت
der Ast, Zweig — شَاخ
das Blatt — وَرَق* — بَرْگ — اَوْرَاق .pl
die Knospe — غُنْچَه
die Blüte — شَكُوفَه
blühen — شَكُفْتَن
die Frucht* — مِیوَه — ثَمَر
der Kirschbaum — دِرَخْتِ گِیلَاس
die Kirsche — گِیلَاس — آلُو بَالُو
der Pflaumenbaum — دِرَخْتِ آلُوچَه

11*

der Apfelbaum دِرَخْتِ سِیبْ

der Apfel سِیبْ

der Birnbaum دِرَخْتِ ثُلَابِی

die Birne ثُلَابِی

der Nußbaum دِرَخْتِ گِرْدُو

die Walnuß گِرْدُو – گِرْدْگَانْ

die Haſelnuß فُنْدُقْ

die Orange نَارَنْج

die Citrone لِیمُونْ

die Mandel بَادَامْ

die Eiche* بَلُّوطْ

die Eichel جَفَتْ

die Weide بِیدْ

die Trauerweide بِیدِ مَجْنُونْ*

die Zypreſſe* سَرُو

die Fichte أُورْس

die Eſche زَبَانِ گُنْچِشْكْ

die Palme دِرَخْتِ مَرْیَمْ

die Dattel دِرَخْتِ خُرْمَا

die Zeder سَرُو آزَادْ

die Tamariſte* طَرْفَاءْ

die Platane چِنَارْ

der Ölbaum* زَیْتُونْ

der Lorbeer – دَفْنَه – خَرْزَهْرَه

der Weinſtock رَزْ

die Traube أَنْگُورْ

die Apritoſe زَرْدْ آلُو

die Feige أَنْجِیرْ

die Quitte بِه

die Maulbeere* تُوتْ

der Granatapfel* أَنَارْ رُمَّانْ*

die Piſtazie فُسْتُقْ

die Kaſtanie شَاهْ بَلُّوطْ

die Melone قَاوُونْ

die Waſſermelone* خَرْبُزَه*

هِنْدُوَانَه –

die Zuckermelone كَرْمَكْ

der Epheu لَبْلَابْ – پِیچَكْ

عِشْقَه – جَلْبُوبْ

der Kürbis كَدُو

die Gurke خِیَارْ

die Kartoffel سِیبِ زَمِینْ

das Gemüſe سَبْزِی –سَبْزَوَاتْ

– بُقُولَاتْ

Hülsenfrüchte * حُبُوبَات

Bohnen لُوبِيَا

Erbsen نُخُود – خُلَّر

Linsen * عَدَس

der Kohl كَلَم – لَحَنَه

der Blumenkohl كَلَم رُومِى

die weiße Rübe شُلْغَم

die rote Rübe چُغُنْدُر

der Spinat اِسْفِنَاج – اِسْپَانَج

der Spargel مَارْچُوبَه

das Getreide * غَلَّه

der Weizen كَنْدُم

die Gerste جَوْ

die Hirse أَرْزَن

der Reis بَرَنْج

der Flachs كَتَان

der Indigo نِيل

Sesam كُنْجُد

die Zwiebel پِيَاز

Kraut, Gras عَلَف – گِيَاه

die Blume گُل

die Rose گُل سُرْخ

die Lilie سُوسَنه

die Narzisse نَرْگِسُ

die Tulpe لاَلَه

die Hyazinthe سُنْبُل

das Veilchen بَنَفْشَه

die Nelke قَرَنْفُل

der Jasmin يَاسِمِين – سَمَن

30. Die Mineralien.

Das Mineral * pl. مَعَادِن مَعْدِن

das Bergwerk مَعْدِن

der Bergmann مَعْدَنْ كَن – كَانْ كَن – مَعْدَنْجِى

das Gold * طِلَا – زَرْ

golden زَرِين

das Silber * سِيم – نُقْرَه

silbern سِيمِين

das Eisen *¹) آهَن – حَدِيد

der Stahl پُولَاد

der Rost زَنْگ

---

¹) der Draht * مَفْتُول.

verroften زنگ گرِفتَن

das Kupfer * مِس — نُحاسٌ

das Zink رُوئ

das Zinn قَلع * — اَرزِیز

das Blei * سُرب — رَصاصٌ

das Messing بِرِنچ

das Quecksilber * جِیوَه — زِیبَق

der Magnet آهَن رُبا

anziehen جَذب * کردن

die Bronze رُوئ صُفر

das Kobalt خاك كاجوزد

der Stein سَنگ

der Kieselstein شِن

der Backstein خِشت — آجوز

der Ziegel سَفال

der Edelstein * pl. جَواهِر جَوهَر

der Diamant اَلماس

der Smaragd * زُمُرُد

der Krystall بِلّوز

der Rubin لَعُل — لَال — یاقوت *

der Schmirgel سُنباذَه

der Türkis فِیروزَه

der Onyx [1] سُلیمانی

der Bernstein كَهرُبا

der Marmor مَرمَز

die Kreide تَباشِیز

der Kalk آهَك

der Schwefel گُوكِرد

der Grünspan زَنگار

Salpeter شُورَه

Borax بُورَه

Salmiak نُشادِز

die Koralle مَرجان

die Steinkohle * فَحم مَعدَنی

31. Die Seele.

Die Seele جان — نَفسٌ *

der Sinn pl. حَواسٌ * حاسَّه

das Gesicht (Gesichtssinn) — حاسَّتُ البَصَز * قُوَّتِ باصِرَه

sehen (r.) دِیدَن (بِینٌ)

das Gehör حَاسَّتِ ٱلسَّمْع* — قُوَّتِ سَامِعَه* —

hören شِنِيدَن — شُنودَن (r. شْنَوْ)

horchen — گُوش دَادَن اِسْتِمَاع* كردن

der Geruch (als Sinn) حَاسَّتِ قُوَّتِ شَامَّه* — ٱلشَّمّ*

riechen بُوی چِیزی شنِیدَن

das Gefühl حَاسَّتِ ٱللَّمْس* — قُوَّتِ حَاسَّه* —

fühlen حَسّ* كردن

der Geschmack حَاسَّتِ ٱلذَّوْق* قُوَّتِ ذَائِقَه* — مَذَاق*

schmecken چَشِيدَن — تَجْرَبَه* كردن

der Geist عَقْل* — هُوش* —

das Herz دِل — خَاطِر* — بَال* —

die Vernunft هُوش — عَقْل*

vernünftig عَاقِل* — خِرَدْمَنْد

der Verstand خِرَدْ* — فَهْم* إِدْرَاكی*

verstehen فَهْمِيدَن

verständig دَانِشْمَنْد — عَاقِل*

die Phantasie قُوَّتِ خَيَالِيَّه*

die Vorstellung تَصَوُّر* تَصَوُّرَات* pl.

der Gedanke اَنْدِيشَه — آفْكَار* pl. فِكْر* — خَيَال* —

denken فِكْر یَا خَيَال كردن

die Meinung گُمَان* — مَظَنَّه* رَأْی* — ظَنّ* —

meinen گُمَان دَاشْتَن پِنْدَاشْتَن — اَنْگَاشْتَن (r. اِنْگَار)

das Urteil قِيَاس* — حُكْم*

beurteilen ظَنّ* بُرْدَن

die Gewißheit يَقِين*

gewiß بی گُمَان — مُعَيَّن*

der Zweifel شَكّ*

zweifeln شَكّ كردن

das Gedächtnis يَاد — خَاطِر* حِفْظ* — قُوَّتِ حَافِظَه*

behalten يَاد — بِيَاد دَاشْتَن حِفْظ نِمُودَن — دَاشْتَن

فَرَاموُش كردن vergeffen

— يَادُ دَاشْتَنِ fich erinnern

خَاطِرُ داشتن .

die Renntnis, das Wiffen دَانِشْ

عِلْمُ* — مَعْرِفَت* —

دِرَايَتْ*

wiffen, fennen (eine Sache)

دَانِسْتَنِ

fennen (eine Perfon) شِنَاخْتَنِ

die Rlugheit هُوشْيَارِی —

اِحْتِيَاط*

flug هُشْيَارُ — عَاقِلُ*

der Scharffinn كِيَاسَتْ*

die Intelligenz فِرَاسَتْ*

die Unwiffenheit اَبْلَكْى —

جَهْلُ*

die Dummheit حَمَاقَتْ*

dumm اَحْمَقُ*

dieThorheit سَفَاهَتْ*—هَرْزَكِی

der Thor اَحْمَقُ*

die Narrheit دِيوَانَكِی —

جُنُونُ*

der Wunfch آرْزُو — خَوَاهِشْ

— تَمَنِّى* — رُغْبَتْ* —

هَوَسْ

wünfchen خَوَاسْتَنِ

der Wille خَوَاهِشْ—مَشِيَّتْ*

freier Wille — اِخْتِيَارُ* —

اِرَادَتْ* — نِيَّتْ* —

wollen خَوَاسْتَنِ

die Abficht قَصْد* — نِيَّتْ*

die Reigung, Luft مَيْلُ*

Reigung, Luft haben zu etwas

مَيْــلُ* داشْـتَنِ —

مَايِلُ* بودن (بَ)

der Entfchluß عَزْمُ* — عَزِيمَتْ*

fich entfchließen تَصْمِيمُ*

كردن

die Leidenfchaft هَوَا* pl. اَهْوِيَه*

نَفْسُ* —

die Liebe — مِهْرُ* — حُبُّ* —

مَحَبَّتْ* — مَوَدَّتْ* —

وَدَادُ* — عِشْقُ*

lieben دُوسْت داشتن

der Haß كِينْ* — كِينِه*

بُغْض* — نَفْرَتْ*

haffen بُغْـص كـردن / نَفْرَتْ بُردَن

die Abneigung, der Widerwille, Ekel } كَرَاهَتْ*

angenehm خُوش – بَامَزَه مَقْبُول*

die Annehmlichkeit مَقْبُولِي

unangenehm مَكْرُوهْ* – مَنْفُورْ*

die Freundschaft دُوسْتِي – مَحَبَّتْ*

der Freund دُوسْت – رَفِيق*

die Feindschaft دُشْمَنِى

der Feind دُشْمَنْ

die Achtung اِكْرَامْ* – اِحْتِرَامْ* – اِعْتِبَارْ* – اِعْزَازْ*

achten اِكْرَامْ كردن – مُحْتَرَمْ* داشتن

die Verachtung تَحْقِيرْ*

verachten تحقير كردن

die Bewunderung تَحْسِينْ* – ثَنَاخْوانِى

bewundern تَحْسِينْ كردن

der Zorn خِشْم – غَضَب*

die Wut غَيْظ*

der Kummer رَنْج – آسِيب – اَنْدُوهْ – غَمّ* – غُصّه* – كُرْبَه – غَمْگِينِى

bekümmert غَمْگِين – غَمْنَاك – مَغْمُومْ*

das Bedauern تَأَسُّف* – نَدَامَتْ*

bedauern پَشِيمَانْ شدن – تَأَسُّف خوردن

der Schmerz دَرْد – پِيچْ – اَلَمْ* – وَجَعْ* – عَذَابْ*

schmerzen دَرْد كردن

die Plage, Pein زَحْمَتْ*

das Weinen گِرْيَه

weinen گِرِيسْتَنْ – گِرْيَه كردن

die Thräne اَشْك

klagen نَالِيدَنْ (از) – شِكَايَتْ* كردن

die Traurigkeit تَنْگْدِلِى

traurig دِلْتَنْگْ

die Freude شَادِى – شَادْمَانِى – سُرُورْ* – مَسْرُورِى

genießen لَذَّتْ كَشِيدَنْ
يَا بُرْدَنْ

die Sehnsucht اِشْتِيَاقْ*

die Erwartung اِنْتِظَارْ*

erwarten اِنْتِظَارْ داشتن —
بُرْدَنْ oder كَشِيدَنْ oder

صَبْرْ* — مُنْتَظِرْ بودن

مُعَطَّلْ* بودن — كَرْدَنْ

die Unruhe اَنْدِيشْنَاكِى —
اَنْدُوهْ

unruhig اَنْدِيشْنَاكْ

die Ruhe آسُودَگِى — رَاحَتْ*
اِسْتِرَاحَتْ*

ruhig آسُودَه — آرَامْ*

die Furcht تَرْس — خَشِيَتْ*
خَوْفْ* — هَيْبَتْ* —
هَرَاسْ* —

fürchten تَرْسِيدَنْ

die Überraschung تَعَجُّبْ* —
عَجَبْ*

überraschen تَعْجِيبْ* كردن

überrascht sein عَجَبْ داشتن
تَعَجُّبْ كردن —

überraschend غَرِيبْ*

فَرَحْ* — بَهْجَتْ* —
اِبْتِهَاجْ* — خُوشْحَالِي

fich freuen مَسْرُورْ شُدَنْ —
شَادْمَانْ شدن

fröhlich شَادْ — شَادْمَانْ —
خُوشْحَالْ

das Lachen خَنْدَه

lachen خَنْدِيدَنْ

der Scherz مِزَاحْ* — ظَرَافَه* —

scherzhaft ظَرِيفْ* — مَزَّاحْ*

scherzen ظَرَافَتْ* كردن

die Heiterkeit نِشَاطْ* — اِنْبِسَاطْ*
دِلْخُوشِى —

freudige Erregung طَرَبْ*

der Ernst حَالَتْ جَدّى

ernsthaft جَدّى

die Zufriedenheit رِضَا* —
رِضَامَنْدِى

zufrieden رَاضِى* — رِضَامَنْد*

die Unzufriedenheit نَارِضَامَنْدِى

unzufrieden نَارَاضِى —
تَنَكُّدْل

das Vergnügen } لَذَّتْ*
der Genuß }

überrascht *	مُتَعَجِّب
— حَيْرَان * —	مُتَحَيِّر *
die Hoffnung	اُمِيد — اَمَل * —
	مَأْمُول *
hoffen	— اُمِيد دَاشْتَن
	اُمِيدْوَار بُودَن
die Verzweiflung	نَااُمِيدِى —
	يَأْس *
verzweifeln	نَااُمِيد گَشْتَن
(از)	
der Trost	تَسَلِّى * — مُوَاسَات *
trösten	تَسَلِّى كردن

32. Die Sprache.

Die Sprache	زَبَان
sprechen	حَرْف * زَدَن
laut	بَآوَازِ بُلَند
leise	آهَسْته
sagen	گُفْتَن
das Wort	— حَرْف * — كَلَام *
	كَلِمَه * — لَفْظ *
die Unterhaltung	گُفْتُگُو

sich unterhalten	صُحْبَت *
— گُفْتُگُو كردن —	كردن
der Schwätzer	فُضُول
anreden	خِطَاب * كردن
schreien rufen	صَدَا كردن
nennen	اِسْم * — نَامِيدَن
گُفْتَن — خوَانْدَن —	دَادَن
der Name *	اِسْم
der Beiname	لَقَب *
die Stimme	آوَاز — صَدَا
das Stillschweigen	خَامُوشِى
schweigen	خَامُوش بُودَن يَا
	شُدَن
die Frage *	سُؤَال
fragen	پُرسِيدَن
	سُؤَال كردن
die Bitte	اِلْتِمَاس * — خوَاهِش
bitten	خوَاسْتَن — پُرسِيدَن
اِلْتِمَاس * كردن —	
beten	دُعَا كردن
das Gebet *	دُعَا
die Antwort *	جَوَاب

antworten جَوَاب دَادَن

die Erzählung حِكَايَتْ*

erzählen حِكَايَتْ كردن

33. Tugenden und Laster.

Der Charakter* pl. اَخْلَاقْ خُلْقْ
خُوَى —

die Eigenschaft* pl. صِفَتْ
صِفَاتْ

die Tugend هُنَرْ — فَرْهَنْگْ
فَضَائِلْ pl. فَضِيلَه* —

das Laster* pl. عُيُوبْ عَيْبْ
رَذَائِلْ pl. رَذِيلَه* —
خَلَلْ

die Sünde — بَزَه — گُنَاهْ
جَنَايَه* — جِرْمْ* pl. اَحْرَامْ

dieGüte* مِهْرَبَانِى — مَرْحَمَتْ
لُطْفْ* — خُوبِى —

gut خُوبْ — نِيكُو

gütig* مُلَايَمْ — خَفِيفْ

die Schlechtigkeit* شَرَارَتْ
بَدْذَاتِى

böse شَرِيرْ* — ظَالِمْ* — بَدْ

die Wohlthätigkeit* اِحْسَانْ
اِنْعَامْ*

die Wohlthat* اِحْسَانْ
نِعْمَتْ*

wohlthätig اِحْسَانْ كُنَنْدَه

das Mitleiden رَحَمْ* — تَرَحُّمْ

mitleidig رَحِيمْ*

die Frömmigkeit دِينْدَارِى
تَقْوَى*

fromm مُتَّقِى — دِينْدَارْ*

die Gottlosigkeit بِى دِينِى
كُفْرْ*

gottlos كَافِرْ* — بِى دِينْ
خُدَا نَاشْنَاسْ

die Dankbarkeit* شُكْرْ
مَمْنُونْ*

dankbar

die Undankbarkeit حَقْ
نَاشِنَاسِى

unbankbar نَاشْكُرْ —
حَقْ نَاشِنَاسْ

die Freimütigkeit* صَدَاقَتْ

die Lüge* كِذْب — دُرُوغْ

lügen دُرُوغْ گُفْتَنْ يَا زَدَنْ
كِذْب* گُفْتَن —

der Lügner دُرُوغ گُو

die Aufrichtigkeit — صَدَاقَتْ

صِدْق*

aufrichtig صَادِق* — صَمِيمِى

die Wahrheit حَقِيقَتْ —

صِدْق* — رَاسْتِى

wahr رَاسْت — صَحِيحْ*

der Irrtum خَطَا* — غَلَطْ*

sich irren غَلَطْ كردن

die Verleumbung بُهْتَانْ —

اِفْتِرَا*

verleumben بُهْتَانْ بُرْدَنْ

die Verschwiegenheit حِفْظِ*

آسْرَارْ

verschwiegen حَافِظِ آسْرَارْ*

die Neugierde سِرْجُوئى

neugierig سِرْجُو — مُفَتِّشْ*

das Vertrauen اِعْتِمَادْ —

وُثُوقْ* — ثِقَه

anvertrauen سُپُرْدَن —

تَسْلِيمْ* كردن

vertrauen auf تَكْيَه كردن

بَرْ

das Mißtrauen عَدَمِ اِعْتِمَادْ*

mißtrauisch بِى اِعْتِمَادْ

der Argwohn تُهْمَتْ* —

بَدْكُمَانِى — سُوءِظَنْ*

argwöhnen بَدْكُمَانِى دَاشْتَنْ

die Treue وَفَا* — وَفَادَارِى —

صَدَاقَتْ*

treu بَاوَفَا — وَفَادَارْ

die Untreue بِى وَفَائى —

خِيَانَتْ*

treulos بِى وَفَا

der Verrat خِيَانَتْ*

verraten خيانت كردن

die Rache اِنْتِقَامْ*

sich rächen اِنْتِقَامْ كردن —

قَصَاصْ* گِرِفْتَن

die Verzeihung عَفُو*

verzeihen عَفُو كردن —

بَخْشِيدَنْ

die Ehre (die man erweist)

تَشْرِيف

ehren مُحْتَرَمْ* دَاشْتَنْ

die Schande* — شَرْم — حَيَا*
خِجَالَتْ*

der Ruhm — مَجْد* — فَخْر*
حَمْد* — نِيكْنَامِى*

ruhmvoll مَجِيدْ*

fich rühmen لَافْ زَدَن

der Ehrgeiz جَاه* حِرْص*

ehrgeizig جَاه* حَرِيص*

der Stolz تَكَبُّر* — نَخْوَه*

ftolz مَغْرُورْ*

die Befcheidenheit تَوَاضُع*
فُرُوتَنِى

befcheiden مُتَوَاضِع* — فُرُوتَنْ
مَأْدَب* —

der Mut رَشَادَتْ*

die Tapferkeit دِلِيرِى
شُجَاعَتْ*

tapfer, mutig شُجَاع* — دِلِير

die Kühnheit* جَسَارَتْ*
گُشْتَاخِى

die Mannhaftigkeit مُرْدِى

die Feigheit نَامَرْدِى — جبن

feige جَبَّان* — نَامَرْد* —
بَدُدِل

die Strenge سَخْتِى
سَخْتگِيرِى

ftreng سَخْتگِير* — عَبُوسْ*

die Nachsicht عَيْب پُوشِى

nachsichtig عَيْب پُوشْ

die Grausamkeit — سَنگْ دِلِى
بِى رَحْمِى

graufam بِى مُرُوَّتْ

die Menschlichkeit اِنْسَانِيَّتْ*
مُرُوَّتْ* —

die Höflichkeit* أَدَبْ*

höflich بَاأَدَبْ

die Unhöflichkeit بِى أَدَبِى

unhöflich بِى أَدَبْ

die Redlichkeit صَدَاقَتْ*

redlich صَادِقْ* — صِدِّيقْ*
صَالِحْ* —

die Unredlichkeit دُرُسْت

unredlich نَادُرُسْت
بِى أَدَب

das Gewissen تَدَيُّنْ* — وَرَع*

die Reue پِشِيمَانِى
نَدَامَتْ*

bereuen پِشِيمَانْ شُدَنْ

— بُتخُل* — طَمَعٌ* der Geiz
اِمْسَاكْ*
بَتخِيلْ* geizig
حِرْصْ* die Habsucht
حَرِيصْ* habsüchtig
— اِسْرَاف* die Verschwendung
اِفْرَاطْ* در خرج
مُسْرِفْ* بودن verschwenden
— اِسْرَاف* كردن
مُسْرِفْ* der Verschwender
مُبْذِرْ* —
صَرْفَه جُوئى die Sparsamkeit
صَرْفَه* بُودن sparen
صَرْفَه جو sparsam
— پاكْ دامنى die Unschuld
عصمت
بى كُنَاهْ unschuldig
شَايِسْتَگِى die Schicklichkeit
شَايِسْتَه schicklich, anständig
مُوَافِقِ آدَبْ* —
نَامَسْتُورى die Unschicklichkeit
نَظْم* — تَرْتِيبْ* die Ordnung
بى تَرْتِيبِى die Unordnung

— اِهْمَال* die Nachlässigkeit
اِنْغِعَالْ* — غَفْلَتْ*
غَافِلْ* nachlässig
نَظَافَتْ* die Reinlichkeit
پاكْ — صَافْ reinlich
نَاپاكْ unrein
سَعْى* — اِجْتِهَادْ* der Fleiß
سَاعِى* fleißig
تَنْبَلِى —كَهَالَتْ* die Faulheit
تَنْبَلْ faul
غَفْلَتْ* die Zerstreutheit
غَافِلْ zerstreut
اِلْتِفَات* die Aufmerksamkeit
اِحْتِيَاطْ* —
مُلْتَفِتْ* aufmerksam sein
اِحْتِيَاطْ كردن — شدن
صَبْرْ* die Gebuld
صَبُورْ* gebuldig
صَبْرْ* كردن Gebuld haben
بى صَبْرِى die Ungebuld

34. Farben und Dimensionen.

رَنْگْ Die Farbe
رَنْگْ زَدَنْ يَا كردن färben

hell روشَنْ

dunkel تارِيكْ*

weiß سَفِيدْ

schwarz سِيَاه

grau فِلْفِلْ نَمَكِى

blau آبِى

braun نِيرِه رَنْكْ

veilchenblau بَنَفْش — كَبوتْ

grün سَبْزْ

gelb زَرْدْ

orangegelb نَارِنْجِى

roth سُرْخْ — قِرْمِزْ

die Länge* طُولْ* — بُعْد*

lang دِرَازْ — مَدِيدْ*

kurz كُوتَاه*

breit كُشَادْ

schmal تَنْكْ

tief* عَمِيقْ*

hoch بُلَنْد

dick كُلُفْت

groß بُزُرْكْ — بُلَنِه

klein كُوچِكْ

Anhang.

Einige Grundregeln der arabischen Grammatik.

Da das moderne Persisch in hohem Grade mit arabischem Sprachgut durchsetzt ist, so ist eine gewisse Bekanntschaft mit den Elementen des Arabischen unumgänglich nötig. Wir geben im Folgenden nur das Nötigste.

1. Der arabische bestimmte Artikel lautet für alle Geschlechter, für Singular und Plural: اَلْ.

Anm. Vor einem Worte, welches mit einem s- oder t-Laut oder mit l, n, r beginnt, wird das l des Artikels nicht ausgesprochen und dafür der folgende Konsonant verdoppelt. Man schreibt in diesem Falle z. B. اَلرَّجُلْ der Mann (spr.: (arradschul).

2. Das arabische Hauptwort bleibt in allen Casus der Einzahl unverändert.

Das stumme ة, wenn es Zeichen des weiblichen Geschlechts ist,[1] verwandelt sich vor folgendem Genetiv in تْ, z. B. غَفْلَتُ الرَّجُلْ (die Nachlässigkeit des Mannes).

3. Die Mehrzahl arabischer Hauptwörter wird auf sehr verschiedene Weise gebildet. Die gebräuchlichsten Pluralformen dreibuchstabiger Wörter sind:[2]

---

[1] In diesem Falle steht auch sonst meist تْ.

[2] Die arabischen Wörter bestehen meist aus drei, seltener aus vier Konsonanten (von den Dehnungsbuchstaben ا, و, ی abgesehen), oder ihrer Bildung liegen wenigstens dreikonsonantige Wurzeln zu Grunde. Man pflegt in der Persisch.

1. اَفْعَالْ .2 فُعَّالْ .3 فُعُولْ .4 فُعَلَا .5 اَفْعُلْ .6

7. اَفْعِلَه .8 فُعَلْ .9 فِعَلْ .10 فَعَلَه .11 فُعُلْ .12 فِعْلَه

13. فُعُلْ .14 فُعَلَه .15 فِعَلَه .16 فُعَّلْ .17 فُعْلَانْ .18

19. فُعْلَى .20 فَعْلَى .21 فِعْلَا .22 اَفْعِلَا .23 فُعَالَى

Im Allgemeinen muß aus den Wörterbüchern und dem
Gebrauch erlernt werden, nach welcher dieser Formen ein drei-
konsonantiges Hauptwort seine Mehrzahl bildet. Indes lassen
sich eine Anzahl von Regeln aufstellen, die einigermaßen dem
Lernenden als Richtschnur dienen können, wenn sie auch viel-
fältigen Ausnahmen unterworfen sind.

Die Pluralform اَفْعَالْ wird gebildet von den Singularen:
فُعْلْ, فِعِلْ, فَعَلْ, فُعْلْ, فِعْلْ, فَعْلْ.

Die Pluralform فِعَالْ von den Singularen: فَعِيلْ, فَعَلَه,
فَعْلْ, فَعَلْ, فُعْلَه, فُعْلْ, فِعْلْ, فَعْلْ, اَفْعَلْ, فُعْلَانْ,
فَيْعِلْ, فَعْلَانْ.

Die Pluralform فُعَّالْ von dem Singular: فَاعِلْ.

Die Pluralform فُعُولْ von den Singularen: فَعَلَه, فُعْلْ,
فَعْلْ, فَعِلْ, فَاعِلْ, فَعْلْ, فِعْلْ.

Die Pluralform فُعَلَا von den Singularen: فَعِيلْ, فَعِيلَه,
فَعْلْ.

Die Pluralform اَفْعُلْ von den Singularen: فِعْلْ, فَعَالْ,
فِعَالْ, فُعَالْ, فَعِيلْ, فَعْلْ.

Grammatik den ersten Konsonanten eines Wortes mit فـ, den zweiten mit ع,
den dritten mit ل zu bezeichnen.

Die Pluralform فُعَالُ ,فَعِيلُ أَفْعِلَه von den Singularen: فَعُولُ ,فَعَالُ ,فِعَالُ.

Die Pluralform فُعَلُ von den Singularen: فُعْلَه ,فُعْلَى, فَعُلَه ,فِعْلَه.

Die Pluralform فِعَلُ von dem Singular: فِعْلَه.

Die Pluralform فَعَلَه von den Singularen: فَيْعِلُ ,فَاعِلُ, فَعُل ,فَعِيلُ.

Die Pluralform فُعُلُ von den Singularen: فَعِيلَه ,فَعُولُ, فِعَالُ ,فَعَلُ ,فَعِيلُ.

Die Pluralform فِعْلَه von den Singularen: فَعَالُ ,فُعَالُ, فَعِيلُ ,فُعُل ,فَعَلُ.

Die Pluralform فُعُل von den Singularen: أَفْعَلُ ,فَعْلَا, فَعَلُ ,فَعْلَه.

Die Pluralform فُعَلَه von den Singularen: فَاعِلُ ,فَعِيلُ.

Die Pluralform فِعَلَه von den Singularen: فِعُلُ ,فُعُلُ.

Die Pluralform فُعَّلُ von den Singularen: فَاعِلُ ,أَفْعَلُ, فَعُل ,فَعِلُ.

Die Pluralform فُعْلَانُ von den Singularen: فَعِيلُ ,أَفْعَلُ, فَاعِلُ.

Die Pluralform فِعْلَانُ von den Singularen: فُعَل ,فَعَالُ, فُعَالُ ,فَعِيلُ ,فَعُل ,فُعُل.

Die Pluralform فَعْلَى von dem Singular: فَعِيلٌ.

Die Pluralform فِعْلَى von den Singularen: فَعِلَانٌ, فَعَلٌ.

Die Pluralform أَفْعِلَا von dem Singular: فَعِيلٌ.

Die Pluralform فَعَالَى von den Singularen: فَعْلَانٌ, فَيْعِلٌ,

فَعْلَى, فِعْلَى, فُعْلَى, فَعْلَا, فَعِيلٌ.

Die Pluralform فَعَالَى von den Singularen: فَعِلَانٌ, فَعْلٌ.

Die vierkonsonantigen Hauptwörter (mit Ausnahme solcher, deren vierter Konsonant die Femininendung ة oder ت ist) bilden den Plural meist nach dem Vokalschema a-â-i oder a-â-î, z. B.

تَصَاوِيرُ Gemälde: تَصْوِيرٌ; Plural: مَطَابِخُ Kochgefäß, مِطْبَخٌ.

Seltener als diese sogenannten gebrochenen Plurale findet sich ein Plural, welcher durch Anhängung von ـُونْ (Genetiv, Akkusativ: ـِينْ) oder bei weiblichen Hauptwörtern durch ـَاتْ gebildet wird.

4. Die arabischen Adjektive stehen hinter dem Hauptworte und richten sich nach dem Geschlechte desselben; sie bilden die weibliche Form meist durch Anhängung von ـَة, z. B. فَقِيرٌ arm: فَقِيرَةٌ.

Die Mehrzahl wird nach denselben Regeln gebildet wie die der Substantive.

In Verbindung mit einem Substantiv im gebrochenen Plural steht das Adjektiv in der Einzahl des weiblichen Geschlechts.

Den Komparativ bildet man, indem man dem Adjektiv die Form أَفْعَل, weibl. فُعْلَى giebt, z. B. كَبِيرٌ groß: أَكْبَرُ, weibl. كُبْرَى größer.

Durch Vorsetzung des Artikels vor diese Formen erhält man den Superlativ: ٱلْأَكْبَرُ der größte.

5. Von den Formen des arabischen Zeitwortes finden sich besonders häufig die Participien und die Infinitivformen der verschiedenen Konjugationen[1]). Wir zählen die hauptsächlichsten Formen der einzelnen Konjugationen hier auf:

		Participium		Infinitiv
		aktiv	passiv	
I. Form	(فَعَلَ)	(فَاعِل)[2]	مَفْعُول	(فِعَل)[3]
II. Form	(فَعَّلَ)	مُفَعِّل	مُفَعَّل	تَفْعِيل تِفْعَال تَفْعِلَه
III. Form	(فَاعَلَ)	مُفَاعِل	مُفَاعَل	فِعَال مُقَاعَلَه
IV. Form	(أَفْعَلَ)	مُفْعِل	مُفْعَل	اِفْعَال
V. Form	(تَفَعَّلَ)	مُتَفَعِّل	مُتَفَعَّل	تَفَعُّل
VI. Form	(تَفَاعَلَ)	مُتَفَاعِل	مُتَفَاعَل	تَفَاعُل
VII. Form	(اِنْفَعَلَ)	مُنْفَعِل		اِنْفِعَال
VIII. Form	(اِفْتَعَلَ)	مُفْتَعِل	مُفْتَعَل	اِفْتِعَال
IX. Form	(اِفْعَلَّ)	im Persischen selten		
X. Form	(اِسْتَفْعَلَ)	مُسْتَفْعِل	مُسْتَفْعَل	اِسْتِفْعَال

[1]) Von der Grundform des Verbums werden eine Anzahl weiterer Formen (Konjugationen) abgeleitet, deren jede die Grundbedeutung des Verbums in bestimmter Weise verändert.

[2]) z. B. قَاتِل tötend, مَقْتُول getötet.

[3]) oder فِعْل, فُعُل, فُعْلَه, فِعْلَه, فَعْلَه, فَعَل, فَعِل, فَعَلَه,
فَعْلَه, فِعَل, فُعَل, فِعَال, فَعَال, فَعَالَه, فِعَالَه, فَعِيل,
فَعُول, فُعُول, فُعْلَه, فِعْلَان, فُعْلَان, فَعْلَان, مَفْعَلَه, مَفْعِلَه.

Druck von W. Drugulin in Leipzig.

CPSIA information can be obtained at www.ICGtesting.com
Printed in the USA
LVOW10s1441010316

477306LV00045B/810/P